Homem micro-ondas,
mulher fogão a lenha

GABRIELA DIAS

Homem micro-ondas, mulher fogão a lenha

QUAL A TEMPERATURA CERTA PARA RELACIONAMENTOS PRAZEROSOS?

EDITORA HÁBITO
Avenida Recife, 841 — Jardim Santo Afonso — Guarulhos, SP
CEP 07215-030 — Tel.: 0 xx 11 2397 1019
contato@editorahabito.com.br — www.editorahabito.com.br
/editorahabito   @editorahabito

HOMEM MICRO-ONDAS, MULHER FOGÃO A LENHA
©2022, Gabriela Dias

PROIBIDA A REPRODUÇÃO POR QUAISQUER MEIOS, SALVO EM BREVES CITAÇÕES, COM INDICAÇÃO DA FONTE.

Todas as citações foram adaptadas segundo o Acordo Ortográfico da Língua Portuguesa, assinado em 1990, em vigor desde janeiro de 2009.

Todos os grifos são do autor.

Editor responsável: Gisele Romão da Cruz
Editor-assistente: Amanda Santos e Aline Lisboa M. Canuto
Preparação de texto: Magno Paganelli
Revisão de provas: Lettera Editorial
Projeto gráfico: Claudia Fatel Lino
Diagramação: Patrícia Lino
Capa: Arte Vida

1. edição: jun. 2022
1ª reimp.: out. 2023

Dados Internacionais de Catalogação na Publicação (CIP)
(Câmara Brasileira do Livro, SP, Brasil)

Dias, Gabriela
    Homem micro-ondas, mulher fogão a lenha : qual a temperatura certa para relacionamentos prazerosos / Gabriela Dias. -- São Paulo : Editora Hábito, 2022.

    ISBN 978-65-84795-02-0
    e-ISBN 978-65-84795-03-7

    1. Casais - Comportamento sexual 2. Casais - Conduta de vida 3. Casamento 4. Sexualidade I. Título.

22-104137   CDD-392.5

Índices para catálogo sistemático:
1. Casais : Casamento : Comportamento sexual 392.5
Eliete Marques da Silva - Bibliotecária - CRB-8/9380

SUMÁRIO

Teste o seu "QI sexual" **9**

Introdução:
O que esperar deste
livro e como obter
o melhor dele? **13**

1. A vida sexual –
quando falta lenha **19**

2. O casamento **61**

3. No piloto
automático **81**

4. A rotina é a morte
da relação? **117**

5. Depois que os
filhos chegam **145**

6. Autocuidado e
autoestima **177**

7. Sexo saudável **221**

Conclusão – Plenitude
sexual é possível **267**

Antes de começar a leitura deste livro, faça o teste que começa na página seguinte. Depois que terminar a leitura e tiver colocado em prática as dicas e sugestões que eu der no decorrer do livro, refaça o teste e confira qual foi a sua evolução e quanto o livro ajudou você a crescer na sua prática sexual.

TESTE O SEU "QI SEXUAL"

PARA HOMENS E MULHERES

Ao responder às questões, leve em consideração os últimos seis meses de sua vida e as seguintes alternativas:

- A) nunca
- B) raramente
- C) às vezes
- D) na maioria das vezes
- E) sempre

1. Você confia em seu poder de sedução e conquista?

    A) ☐ B) ☐ C) ☐ D) ☐ E) ☐

2. Seu interesse por sexo é suficiente para estimulá-lo(a) a participar com entusiasmo do ato sexual desde o início?

    A) ☐ B) ☐ C) ☐ D) ☐ E) ☐

3. Na sua opinião, as preliminares são excitantes e satisfazem você e seu(sua) parceiro(a)?

    A) ☐ B) ☐ C) ☐ D) ☐ E) ☐

4. Durante a relação sexual, você consegue se excitar, independentemente da excitação de seu(sua) parceiro(a)?

    A) ☐ B) ☐ C) ☐ D) ☐ E) ☐

5. Você consegue se manter lubrificado(a) e relaxado(a) do início ao fim do ato sexual, em sintonia com seu(sua) parceiro(a)?

A) ☐ B) ☐ C) ☐ D) ☐ E) ☐

6. Para mulheres: Você consegue manter a vagina suficientemente relaxada para que a penetração ocorra sem dificuldade?

Para homens: Você consegue manter o pênis ereto para que a penetração ocorra sem dificuldade?

A) ☐ B) ☐ C) ☐ D) ☐ E) ☐

7. Para mulheres: Você consegue levar o ato sexual até o fim sem sentir dor?

Para homens: Você consegue levar o ato sexual até o fim, sem ejacular até que a parceira alcance o orgasmo?

A) ☐ B) ☐ C) ☐ D) ☐ E) ☐

8. Você consegue atingir o mesmo nível satisfatório de desejo e excitação nas relações sexuais que mantém em diferentes dias?

A) ☐ B) ☐ C) ☐ D) ☐ E) ☐

9. Com que frequência você chega ao orgasmo?

A) ☐ B) ☐ C) ☐ D) ☐ E) ☐

10. A satisfação que obtém com o sexo estimula você a fazer sexo outras vezes, em outros dias?

A) ☐ B) ☐ C) ☐ D) ☐ E) ☐

GABARITO

Cada resposta vale:

▬ **A)** 0 ponto
▬ **B)** 1 ponto
▬ **C)** 2 pontos
▬ **D)** 3 pontos
▬ **E)** 4 pontos

Some o total dos pontos e multiplique o resultado por dois. Este é seu QI sexual.

AVALIAÇÃO

Mais de 61 pontos: Você tem uma vida sexual bastante quente. Usufrui de todas as benesses proporcionadas pelo prazer do sexo. Este livro vai aumentar ainda mais o seu nível de autoconhecimento!

De 60 a 41 pontos: Sua vida sexual é um tanto morna. Ânimo! Aproveite este livro para informar-se e descobrir quais são os problemas. Só assim você poderá superá-los.

De 40 a 21 pontos: O sexo está sendo motivo de dasapontamento para você. Não se acomode. Abra o assunto. Converse. Durante a leitura deste livro, você terá muitas informações para ajudar você a derrubar mitos e crescer em autoconhecimento. É importante também procurar orientação profissional para melhorar sua vida sexual.

20 ou menos pontos: Você deve se sentir extremamente frustrado(a) com a qualidade de sua atividade sexual. Provavelmente, para você, ver a sessão da tarde na TV é mais empolgante. Mas dou a você meus parabéns, porque ler este livro ajudará você a sair da inércia! Não esqueça também de procurar por orientação profissional.

INTRODUÇÃO

O que esperar deste livro e como obter o melhor dele?

Todo livro tem uma função. Sempre que alguém se propõe a escrever algo é porque entende que alguma experiência pessoal de transformação pode ajudar outras pessoas; ou porque o autor ou autora se tornou especialista em determinada área e sabe que o seu conhecimento é importante para a mudança no estado em que outras pessoas estão; ou porque existe alguma situação perceptível que o autor ou autora sabe ser possível mudar, chamando os leitores a uma tomada de posição.

Em geral, os livros escritos dentro da categoria de *Homem micro-ondas, Mulher fogão a lenha* são aqueles em que é possível unir a experiência técnica do ou da especialista à experiência da vida real do autor ou da autora. Esse é o meu caso, já que a minha proposta é ajudar as pessoas dentro da minha área de especialização acadêmica, ao passo que também reúno a isso a minha experiência como esposa e mãe.

Embora a vida sexual do ser humano seja algo inato, isto é, instintivo — todos podem praticar sexo sem que alguém precise mostrar como é que se faz —, em algum momento da história aquilo que deveria acontecer naturalmente, por ser próprio da nossa natureza, se tornou um elemento complicado e complicador dentro das relações amorosas, quer entre pessoas casadas, quer entre pessoas que decidiram ter uma vida amorosa sem assumirem o compromisso formal do casamento. Isso porque as rotinas alucinadas que assumimos na nossa carreira profissional, a cultura que influencia — nem sempre com ideias boas e construtivas, somado à epidemia de falta de informação pela qual a nossa sociedade atravessa.

Além disso, há inúmeros outros fatores que podem atrapalhar essa que é uma dádiva da natureza, um presente da Criação para nós, seres humanos. O sexo para homens e mulheres é radicalmente diferente de como é para os demais animais. Eles não sentem prazer ao terem o coito, a relação sexual. Ao contrário, nós, seres humanos, podemos nos relacionar sexualmente para procriação e ter prazer, nos alegrar e ainda nos beneficiar da liberação de substâncias durante o orgasmo, substâncias que auxiliam o nosso bem-estar, o nosso bom humor e o rejuvenescimento, a diminuição do estresse e hipertensão. Que outro ser no planeta pode gozar — sem trocadilhos — tamanho benefício com o sexo?

Neste livro eu procurei tratar do maior número de assuntos possível dentro da temática do sexo, tanto para homens quanto para mulheres e para o casal em si. No decorrer da minha carreira, eu já pude atender pessoas com problemas e dúvidas diversas, com situações surreais, outras delicadas, umas simples, mas que as incomodavam. Eu não desprezo o sofrimento das pessoas, por menor que possa parecer a mim. Cada um tem uma estrutura emocional e intelectual muito particular e, como profissional da saúde, eu tenho que levar alívio e bem-estar para o meu próximo.

Assim, eu construí o livro valendo-me das informações especializadas a que tenho acesso, a conceitos que são universais e a outros que podem funcionar bem para uma pessoa e não tão bem para outra. Do mesmo modo, ao dar dicas — e eu dou várias! — pode acontecer de funcionar melhor para um casal do que para outro, como também a própria organização dos tópicos. Para alguns casais, pode acontecer de alguns assuntos serem triviais ou parecerem básicos, e para outros podem ser a chave para uma mudança positiva que eles aguardavam há algum tempo.

De certo modo, o livro se parece um manual no qual o problema é apresentado, discutido brevemente e são acrescentadas dicas para resolvê-lo. Essas dicas não são aleatórias nem abstratas demais. Não se trata de achismo nem de aposta em algum tipo de sorte. Ao contrário, todas as dicas dadas no decorrer do livro são bem consideradas por outros especialistas, já foram implementadas e muita gente voltou para dizer que funcionou. Então, esse é um modo de tirar proveito do livro: lendo e colocando em prática aquilo que é proposto, sem fazer isso como uma imposição, mas sabendo que pode dar um efeito positivo e esperado.

Sejam leves um com o outro, aprendam a dialogar sobre aquilo que lerem aqui, experimentem, arrisquem, permitam-se criar um momento em que vocês irão construir uma nova relação, já que eu acredito que a maioria dos meus leitores e leitoras estão comigo neste projeto porque precisam melhorar a sua vida sexual em algum ou em alguns aspectos. Se uma mudança, ainda que pequena, acontecer na sua vida a dois, fruto deste livro, todo e qualquer esforço terá valido a pena.

Eu espero, de coração, que a leitura de *Homem micro-ondas, Mulher fogão a lenha* seja um marco em sua vida, assim como os vídeos e o meu trabalho nas redes sociais, bem como o atendimento que faço no consultório tem sido para muitas pessoas. Afinal, é um trabalho único que faço em frentes diferentes, com dedicação máxima, consciente e que visa o bem das pessoas que como eu, um dia, enfrentaram dilemas, dúvidas, medos, mas eu pude superar e me tornar a pessoa que sou. Somos seres incríveis, com imenso potencial para a transformação da realidade à nossa volta e precisamos aprender a explorar isso da melhor maneira possível.

Quero mostrar aqui neste livro que homens e mulheres podem ser diferentes em suas percepções e reações ao estímulo sexual, podem sofrer interferências variadas na sua vontade de querer praticar sexo, mas também podem se completar quando entenderem alguns significados práticos da vida sexual a dois. E é nesse momento que chegam à temperatura ideal de uma relação prazerosa e duradoura.

Ah! E se você não fez o teste do "QI sexual" ainda, faça antes de prosseguir a leitura e, depois de colocar em prática o que puder aprender no livro, repita o teste para verificar a evolução de vocês, ou a sua, caso leia o livro individualmente.

CAPÍTULO 1

A vida sexual
– quando
falta lenha

O tema deste livro interessa a muita gente e a você, especialmente! Dentro do tema geral há subtemas e entre eles, sem sombra de dúvidas, apesar de algum tabu em seu entorno, eu posso afirmar que ele é o número 1 no *ranking* de dúvidas e questionamentos no meu perfil do Instagram: a questão da libido. Libido foi o tópico que mais gerou perguntas durante o ano de 2019, para minha surpresa. Mas não foi somente para mim que esse assunto gerou dúvidas. Numa pesquisa feita pelo Google, aparece como uma das perguntas mais repetidas no site de busca no mesmo ano de 2019: O que é libido?[1]

Eu vou um pouco além. Nós vamos falar sobre o que é libido, sobre a ausência dela, quais são os fatores que contribuem para a sua manutenção e vamos conversar sobre o que melhora a libido no decorrer da vida.

A libido está relacionada à questão do desejo sexual.[2] Muitas mulheres me abordam dizendo: "Não tenho desejo", "Não tenho vontade", "Estou me sentindo muito diferente em relação ao sexo", principalmente após a maternidade.

• •

Desejo sexual é se sentir vivo sexualmente: ter vontade sexual, ter tesão, sentir-se sexy, ter fantasias eróticas, sentir-se atraído sexualmente por alguém. O desejo sexual é vivido pelo indivíduo como sensações específicas que o fazem

---

[1] **Google revela assuntos mais buscados no Brasil em 2019.** Disponível em https://g1.globo.com/economia/tecnologia/noticia/2019/12/11/google-divulga-os-termos-mais-buscados-no-brasil-em-2019-ghtml. Acesso em: 1º abr. 2022.

[2] SUPLICY, Marta. **Conversando sobre sexo**. 18ed. Rio de Janeiro: Vozes, 1993. p. 206.

procurar ou ser receptivo à experiência sexual. É o olhar de Helena, é o desejo de José. Estas sensações cessam, por certo tempo, após a gratificação sexual, isto é, com o orgasmo.

Marta Suplicy

A libido diminui? O que faz que a libido diminua?

Uma das causas que contribuem para isso é o uso de medicamentos (em alguns casos nos quais o uso seja prolongado), o uso de anticoncepcional, pois em certos casos isso afeta o equilíbrio hormonal. Na relação de medicamentos que afetam a libido estão os antidepressivos. Alguns fatores que também interferem na diminuição desse desejo, o desejo sexual, é a forma como a gente vive. Vidas agitadas, o estresse, alimentação, entre outros agentes, contribuem para a diminuição da libido.

É possível aumentar a libido? Como fazer isso?

Primeiramente, nós precisamos pensar não apenas no desejo; é preciso melhorar a relação sexual como um todo.

Não são apenas os hormônios que nos deixam instáveis. A indústria farmacêutica também tem contribuído para isso, explorando características biológicas como se fossem doenças.

Nós, mulheres, durante muito tempo, encaramos o sexo como um fardo, como uma coisa pesada, cansativa e enfadonha.[3] Obviamente, não podemos generalizar, pois não são todas as mulheres que pensam assim; no entanto, boa parte pensa e boa parte concorda nas palestras e nas consultas que, depois que começa, o negócio fica bom. Mas, até começar, até o desejo vir, a situação se mostra difícil e acaba dificultando o desenvolvimento.

> E quanto ao papel sexual da mulher? Isso era outro assunto. Durante os séculos XVIII, XIX e até no século XX, o papel sexual era ainda mais difícil de definir. Não tinham nenhum — além de ser o receptáculo seminal. O impulso sexual da mulher não era apenas negado, mas até apagado quanto possível pelos árbitros de uma sociedade obstinada. Todo mundo sabia — ou pelo menos todos os homens sabiam e muitas mulheres fingiam saber — que as mulheres decentes não tinham necessidades sexuais, que as esposas respeitáveis apenas se entregavam na esperança de conceber e que essas mulheres que correspondiam sexualmente não eram, simplesmente, aquelas com quem se casa.
>
> Virginia Johnson e William Masters

No meio do caminho, muitas mulheres acabam colocando a culpa (ou desculpa) na dor de cabeça, cansaço, estresse, em alguma briga, discussões, enfim.

---

[3] JOHNSON. Virginia, MASTERS. William. **O vínculo do prazer.** Rio de Janeiro: Record. 2 ed. 1977. p. 15.

Para que a situação se resolva, nós precisamos colocar na cabeça que prazer sexual é uma coisa boa, que foi feito por Deus, e devemos entender como o nosso corpo funciona. Por isso eu tenho que falar de autoconhecimento. Devemos conhecer o nosso corpo, a mulher saber mais sobre o clitóris, sobre a vagina, assim como os homens, sobre esse assunto como um todo, aumentando o autoconhecimento.

Você precisa conhecer o seu corpo. Ele é uma peça fundamental do prazer sexual e a questão do desejo é uma consequência disso. Quando nos conhecemos, quando sabemos como o nosso corpo funciona, podemos trabalhar melhor com ele, explorar o que ele tem de melhor a oferecer a nós mesmos. Precisamos entender a nossa cabecinha, saber como ela funciona, pois os fatores fisiológicos que eu citei em relação à diminuição da libido são apenas uma parte do assunto; eu deixei a cerejinha do bolo para o final.

Os estudos que li dizem que 85% da ausência da libido está relacionada ao nosso lado psicológico; então, tudo aquilo que a gente mentaliza, aquilo que a gente pensa, no final das contas nós sentimos.

Para quem está com a libido muito diminuída, eu quero deixar um exercício a ser feito. Pense sobre sexo desde a hora que você acordar. Escolha um dia e pense: "Eu vou fazer no sábado", ou "Eu vou fazer na sexta-feira" e imagine que será um dia em que você poderá fazer isso. Então, desde cedo pense: "Hoje eu vou fazer e vai ser legal".

Eu costumo brincar com aquela imagem que os desenhos animados mostravam, de um anjinho e um capetinha de cada lado, um sobre cada ombro nosso propondo decisões diferentes. Aconteceu comigo, de um capetinha soprar: "Que nada, você está cansada, vai amamentar de noite, o seu filho está de férias, você está bem cansada, deixa isso para lá". Então, vem o anjinho e diz: "Não, você sabe dos benefícios, sabe quanto vai ser bom e fortalecer a união; então, vai firme no seu propósito de colocar um gás nesse sentimento para que essa relação realmente aconteça e seja boa".

Os estudos dizem que tudo aquilo sobre o que a gente pensa se fortalece. O nosso pensamento acaba levando ao acontecimento de uma forma muito natural e boa. A sua primeira tarefa, portanto, é mentalizar desde cedo a cada dia. Quando você mentaliza, naturalmente vai criando um clima favorável para o que você deseja. Especialmente às mulheres, então, vá pensando na *lingerie* que você não usa há muito tempo, aquela que está guardadinha no fundo da gaveta, e siga seus impulsos.

Eu quero encorajar você a fazer isso, por vários motivos, mas especialmente porque a cada orgasmo experimentado, você rejuvenescerá um ano na sua vida. Então, aproveite toda a liberação hormonal que está disponível, porque sexo é uma coisa boa. Ele não é ruim e nunca foi, por mais que indiretamente uma pessoa possa pensar isso.

Além disso, ouço muito de pacientes que os filhos vêm para acabar com a vida sexual do casal e o desejo pelo sexo. Será mesmo? Não concordo. Eles vêm para acrescentar coisas boas à nossa vida.[4] Depois que eles

---

[4] LEMAN, Kevin. **Direto ao ponto.** São Paulo: Mundo Cristão. 2016. p. 137.

nascem acontece alguma mudança? Sim. E ela é real? É. É possível dizer que as coisas continuam iguais, mesmo tendo filhos em casa? Não, mas a gente pode se adequar. Não use seus filhos como muleta, porque eles vieram para empurrar você para a frente, e não para fazer você ficar parado, inerte como uma árvore.

• •

> Haverá ocasiões em que, como pais, vocês estarão mortos de cansados. Mas não podem deixar de ter momentos um com o outro. É certo que esses momentos (e a quantidade deles) serão diferentes do que eram antes, quando havia apenas vocês dois, segurando as mãos um do outro durante um jantar romântico. Agora, vocês podem ter mais rapidinhas, escapar uma ou outra noite para um hotel (a fim de que não haja pequenos punhos batendo na porta pedindo água) e sonhar com os dias em que podiam ter um sexo mais lento e sem pressa. Vale a pena manter forte o relacionamento sexual – por vocês e pelas crianças.
>
> Kevin Leman

• •

Ninguém foi feito para ser uma árvore, que fica no mesmo lugar; nós somos seres humanos multitarefa e, principalmente as mulheres foram feitas por Deus como águias, sendo importantes e especiais. Nós conseguimos ir muito longe quando queremos e quando a gente está determinada a alcançar algum objetivo específico.

FALTA DE VONTADE DE TRANSAR

A gente sabe que tem muitos fatores que envolvem a questão da vontade sexual. Há a questão psicológica, como quando um filho está doente, ou se está tudo bem no seu trabalho, se você está bem, se a sua mente está bem resolvida sobre os dilemas que enfrenta. Há também a questão hormonal, o uso de anticoncepcionais ou de alguns medicamentos que as pessoas precisam tomar por diversos motivos que não vamos entrar no mérito. Tudo isso realmente interfere, afeta e influencia. Porém, existe uma coisa chamada "força de vontade".

Sabemos que a nossa educação formal não contemplou a educação sexual. Não fomos educados para sentir prazer com o sexo, não fomos educados para ver o sexo como uma coisa boa. É preciso organizar a mente e o entendimento para percebermos os benefícios que o sexo pode proporcionar. Precisamos entender que sexo é muito mais do que ficar pensando: "Ai meu Deus, tem que fazer; amanhã eu tenho que acordar às 6 da manhã; eu tenho que fazer almoço... ai... eu tenho que fazer *tal* coisa".

Se entrega! Faça isso, porque a gente sabe que é difícil acontecer e às vezes é ruim ter que começar as preliminares, porque ficamos pensando muitas coisas que precisam ser feitas no lugar do sexo. Mas a gente sabe que depois que começa, então tudo fica mais gostoso, tudo fica muito bom!

Por isso, aproveite todos os benefícios possíveis do sexo.[5] Você sabia que toda a liberação hormonal que a

---

[5] HOLLAND, Julie. **Mulheres em ebulição.** Rio de Janeiro: Sextante, 2015. p. 154.

gente tem no ato sexual permanece no nosso corpo por até 72 horas? Isso é mágico e é maravilhosa essa sensação!

• •

Sexo bom é bom para você [mulher]. Como todo exercício, ele ajuda a relaxar, diminui o nível de açúcar no sangue, bem como de doença cardíaca e estimula o sistema imunológico. As endorfinas liberadas durante o sexo e o orgasmo ajudam a diminuir a dor e a aumentar o fluxo sanguíneo para os genitais, prevenindo a atrofia vaginal (o afinamento dos tecidos da parede vaginal que pode surgir com a menopausa). Você se lembra da vagina senil? Esta é uma das razões pelas quais os ginecologistas incentivam as pacientes mais velhas a praticarem sexo para evitar a deterioração vaginal.

Julie Holland

• •

O sexo rejuvenesce e traz muitos outros benefícios para nós. No caso das mulheres, não permita que a maternidade roube o seu desejo sexual e não deixe os fatores externos roubarem esse prazer de você. Se entregue por completo. Não faça sexo pensando em um milhão de coisas que você tem para fazer. Se a sua mente não está em um bom momento, se você não está conseguindo se concentrar, seja verdadeiro, seja sincero. Quando a gente não está 100% para o sexo. Quando a mulher não tem lubrificação ou o homem não tem ereção, então aquilo que é para dar prazer acaba se tornando uma coisa forçada e até traumática.

Por isso eu quero propor que você se entregue, nem que seja uma vez por semana, que você trabalhe a sua mente, não porque o seu cônjuge precisa, não porque o sexo é só bom para o homem, porque vai ser bom para você como mulher. A mulher liberará hormônio e vai se sentir melhor depois do sexo, e aquela sensação anterior, negativa, pesada, desaparecerá.

Eu incentivo você a fazer assim, porque muitas educadoras sexuais profissionais e muita gente fala (eu também já falei isso algumas vezes) sobre a diferença entre nós, mulheres, e os homens. Os homens têm muito mais testosterona do que nós e isso é uma produção aumentada da questão do desejo, do aumento da libido. Mas quero encorajar você, mulher, a que se enxergue, pois o sexo também será bom para você. O sexo também foi feito para você. Quebre os paradigmas na sua mente, se proponha a fazer e a sentir esse prazer. Não permita que a "rapidinha" entre em sua casa. Dedique-se a sentir-se e ser feliz com o sexo. A "rapidinha", na maioria dos casos, é um ato de prazer solitário, indo na contramão do que imagino para o sexo do casal.

Agora vocês, homens. Como aumentar o desejo sexual da sua mulher? Penso que você já se perguntou isso algumas vezes e muitos de vocês já perguntaram para mim nas redes sociais. Sabemos que para as mulheres, o sexo influencia uma porção de áreas em nossa vida. Mas existem pequenas coisas que vocês, homens, podem fazer para mudar isso, para virar a chave da mente na mulher, impedindo aquela resposta "Estou com dor de cabeça" que algumas mulheres dão.

Então, vamos lá!

O que acontece? A forma como a mulher é tratada influencia bastante na sua sexualidade, no seu desejo e na sua vontade.[6] Uma questão-chave é que boa parte dos homens não pensa nisso. Experimente enviar uma mensagem carinhosa para o celular dela, voltar às práticas que eram comuns quando vocês namoravam, dar um beijo antes de sair de casa e um beijo na hora que voltar, e trivialidades aparentes como essas.

• •

A mulher é estimulada pela aura romântica que a rodeia e se rende ao homem que exerça sobre ela uma atração tanto emocional quanto física. Obviamente há exceções, mas o fato permanece: para o homem, o sexo é algo físico; para a mulher, o sexo é uma experiência profundamente emocional. Quando o homem entristece a mulher, tratando-a de qualquer maneira, sem respeitar seus sentimentos, ele "coloca um cadeado" nos desejos da esposa. Por isto será muito difícil ela reagir satisfatoriamente no momento do ato sexual.

Josué Gonçalves

• •

O que eu percebo nos consultórios? Tem mulheres que falam: "Ele não faz um carinho, ele não dá uma demonstração de afeto, mas quando chega perto de mim, já vai metendo a mão...".

[6] GONÇALVES, Josué. **104 erros que um casal não pode cometer.** Bragança Paulista: Mensagem para Todos, 2014. p. 256-7.

A impressão que eu tenho sobre esses casos foi descrita por uma dessas mulheres na seguinte frase, que ouvi há algum tempo: "Eu me sinto como se fosse um pedaço de frango gigante. Ele me olha e me deseja como comer um prato de comida".

Eu achei engraçada a forma como ela fez essa descrição, mas obviamente, não tem graça alguma para uma mulher. Onde eu quero chegar com esses exemplos? Para o homem ter desejo basta a presença de uma mulher ou, às vezes, nem isso. Só pelo imaginário o seu corpo reage ligando e começando a esquentar. Mas para nós, que somos mulheres, a coisa é diferente, ou, como dizem popularmente, o buraco é bem mais embaixo.

Eu anotei algumas coisas em que nós, mulheres, somos muito diferentes dos homens. O nosso desejo é muito diferente do modo como se manifesta o desejo deles. O que nos excita, o que nos deixa com tesão, é completamente diferente do que excita os maridos ou namorados. Não sentimos isso somente ao ver um homem pelado na nossa frente. Às vezes ajudar a lavar a pia cheia de louça, dar banho nas crianças, ajudar a fazer o jantar, se envolver nas tarefas caseiras de alguma forma mexe muito mais conosco do que a simples imagem de um corpo nu diante de nossos olhos. Se você é o homem está lendo isso, não se assuste! Sim, mulheres têm uma atração por homens que se envolvem nas tarefas de casa. Na verdade, ao fazer isso, você preservará um pouco da lenha dela ainda para queimar mais tarde, entende? O cansaço é um inimigo para a mulher se envolver no sexo. O companheirismo doméstico ajuda muito para que essa libido não seja vencida pelos afazeres da casa.

Se a gente pensasse da mesma forma, quando os dois chegassem do trabalho, um se sentaria no sofá e a outra sairia como uma maluca para cuidar da arrumação. Eu não sei como é na sua casa, mas na minha é "lava-a-roupa-e-faz-a-janta" e, quando termina isso, já começa a pensar no que terá que fazer no dia seguinte: ajudar o filho a fazer a tarefa da escola, dar banho nas crias — porque aqui são três — e segue naquele "vai pra frente, vai para trás, e faz isso e faz aquilo".

Depois de chegar em casa, o homem se levanta do sofá, vai tomar "um belo banho" e sai do banheiro todo refeito; mas nós, quando saímos do banho, estamos exaustas, nem conseguimos levantar a cabeça para olhar direito para a frente. Então, devemos aprender a dividir as tarefas, para não ficar pesado para uma só pessoa, e depois poderemos colher juntos os frutos do prazer a dois.

Agora é com você, mulher, que eu vou falar. O seu homem nunca arrumará a cama como você, ele nunca lavará a louça como você, mas vale a pena deixá-lo fazer isso por conta própria. Lembre-se que ninguém executará as tarefas como você, mas você também não executará como outra pessoa. Pode acontecer, vez por outra, no início, de a louça ficar engordurada, já que não é muito a especialidade dele, mas isso não é nada que um pouco de água quente não resolva. Deixe-o se envolver nas coisas de casa do jeito dele; mesmo que o filho não goste do modo como o pai lida com coisas que você poderia fazer, é muito importante que o vínculo pai e filho seja criado com liberdade. Não cabe somente à mulher lidar com tarefas do lar e dos filhos, o homem também é responsável e algumas atividades podem ser lavar a louça, retirar as roupas do varal e dobrá-las, dar banho nas crianças, ajudar na lição de casa, etc.

Participar das coisas fará uma diferença imensa na vida do casal e da criança anos depois.

Sendo assim, homens, a impressão que fica é que a troca de carinhos só existe quando haverá sexo e isso é uma das maiores reclamações feitas pelas mulheres. A dica que eu dou é que, se você quer ter uma mulher todos os dias na cama exclusivamente para você, ajude--a. Envolva-se, dê beijos, abrace, e faça coisas assim sem querer absolutamente nada em troca. A percepção geral das mulheres é que homens só fazem carinho quando querem sexo, só estimulam, só beijam, quando querem sexo. Faça essas coisas mesmo que não tenha que ir para a cama com a sua mulher no final do dia, faça isso aos poucos e você conquistará essa mulher para sempre, a qualquer hora. Não tenho dúvida de que, se essa chama for preservada com atitudes de amor, manterá este relacionamento sempre quentinho.

Mulheres, permitam-se ser conquistadas, se permitam ser ajudadas nas atividades diárias e vejam o sexo como uma coisa boa. Já foi o tempo quando o sexo era só para reprodução. Sexo existe para que você tenha muitos benefícios com ele, então aproveitem!

COMO TER MAIS VONTADE?

Esse é outro assunto que desperta muito a curiosidade das pessoas: como ter mais vontade, mais desejo sexual?

Entre outras, uma coisa é certa: aquilo que a gente não pensa, aquilo que a gente não coloca como prioridade, não poderá se tornar preferência na nossa vida.

Sabe aquela *lingerie* que está escondida a sete chaves, *fedendo* a naftalina? Vamos procurá-la! E vamos começar por ela, porque, "se eu não penso, eu não quero".

Eu percebo que muitas mulheres pedem alguma dica ou pedem indicação de remédio para despertar o desejo. Todas nós — eu me incluo nesse processo — sempre procuramos receitas milagrosas para certos problemas. Quando investigamos essas questões, quando nos informamos melhor, vemos que os estudos especializados são muito claros ao dizer que 85% das causas da baixa libido estão relacionados ao nosso lado psicológico.

Eu vou desafiar vocês! Mulher, você vai pegar aquela *lingerie* que está guardada, que você ama e que usou na lua de mel e hoje está escondida — se ainda servir, obviamente. O meu marido às vezes vem com um papo assim: "Cadê aquela camisola que você usou?". Mal sabe ele que aquela camisola não serve mais! Enfim, aproveite e faça uma limpeza geral no seu guarda-roupas e deixe apenas aquilo que serve e faz você se sentir bem.

Depois, escolha um dia da semana para você pensar em sexo. Desde a manhã, ao acordar, você já vai separar aquela *lingerie*, que já terá lavado, deixado cheirosinha, e você vai deixá-la *separadinha*. Passe o dia imaginando todo o clima e naquilo que você poderá fazer para terem uma noite legal.

Esse exercício foi uma tarefa realizada durante a minha pós-graduação que, confesso, eu não coloquei fé que daria certo. Eu já disse algumas vezes que esse negócio de "Eu posso, eu quero, eu consigo!" não me soa muito bem. Eu não gosto muito dessas coisas e não acredito, mas a professora foi muito enfática dizendo que aquilo em que a gente coloca a nossa energia, aquilo que priorizamos, acontece.

Pasmem! Foi um dos melhores momentos de sexo da minha vida. Tudo aquilo que a gente realmente prioriza, acontece, e acontece com excelência, porque você aguça a percepção da experiência. Parece que há um anjo e um capeta que ficam o dia inteiro dizendo: "Vai, pensa, vai ser bem bom", enquanto o outro diz: "Que pensar nada... vai dormir, vai descansar".

Mas eu quero encorajar você a que pense desde cedo, escolha aquela *lingerie* arrasante e siga meu conselho. Se a previsão do tempo disser que irá chover e você escolheu aquele dia, lave essa *lingerie* antes, deixe-a secar escondida para fazer surpresa e surpreenda de verdade! Como mulheres, sempre achamos que nós temos que ser procuradas, mas, se você procurar o seu homem, você terá uma experiência bem legal. Permita-se vivenciar essa experiência e depois me conte como foi.

DICAS PARA MELHORAR A SUA LIBIDO!

A melhora da libido envolve a mudança de pequenos hábitos. Eu penso que a primeira coisa a se fazer é sair da rotina, sair do campo daquilo que é óbvio.

Eu percebo que há muitas mulheres, principalmente aquelas que eu atendo, que estão com dificuldade para obter orgasmos, estão com dificuldades em relação ao sexo, e elas mesmas dizem: "Ah... eu já sei como vai começar, já sei como vai ser no meio, já sei como vai terminar".

Então, se tem sido assim, tente fugir dessa rotina sendo criativa; tente fazer diferente. Se você já sabe que ele vai fazer dessa forma, conversem, falem, abram-se um para o outro. Digam algo como: "Vamos tentar outra posição? Vamos tentar de outra forma?".

A gente sabe, e como mulher eu sei muito bem, que pela falta da educação sexual a gente enfrenta dificuldade de falar sobre isso abertamente. Mas eu quero estimular você a conversar sobre isso, pois, como eu digo, a liberação hormonal que a gente tem com o sexo faz o prazer retornar para nós, é um benefício que não é só para o parceiro, já que o prazer não é só para o desfrute do homem.

Eu gostaria muito que toda mulher entendesse isso, porque esse entendimento simples (embora não assimilado amplamente) faz a gente "virar a chave" e pensar diferente em relação ao sexo.

Outra dica que eu preciso dar é "Livre-se da vergonha". Você está entre quatro paredes com a pessoa que você ama. Não está fazendo nada de errado. A maioria das pessoas tem vergonha de colocar uma *lingerie*, de fazer *strip-tease*, de fazer alguma coisa diferente, de surpreender, de colocar um *hobby* e *tchan!* Abri-lo na frente dele!

• •

Para o sexo ser bom, precisamos aprender a lidar com a vergonha e o desconforto que temos em relação ao nosso corpo. As mulheres ficam preocupadas porque nossos grandes lábios são grandes demais, porque o clitóris é pequeno ou muito difícil de localizar, porque nosso cheiro é desagradável ou porque o gosto é estranho. Conhecer e aceitar plenamente sua genitália, tão perfeita em sua imperfeição, é fundamental para relaxar e sentir prazer. Muitos terapeutas sexuais recomendam que a mulher se sente diante de um espelho e examine em detalhes toda a beleza que existe lá embaixo. Estar totalmente consciente do seu corpo e inspirar profundamente pelo nariz ajuda bastante a chegar no orgasmo.

• •

Essas coisas podem parecer tão estranhas, mas são tão legais de experimentar e são elas que fazem um relacionamento ter um ganho, um *up*, especialmente na vida sexual. Por isso, inove, vá a alguma loja de roupas íntimas, veja e compre uma ou mais peças diferentes. Mas cuidado com as fantasias, pois, se você nunca usou uma para ele e de repente chegar muito diferente, o tiro pode sair pela culatra. Às vezes, uma experiência que você prepara e faz acontecer na sua imaginação pode acabar em gargalhadas e você acabará a noite muito chateada.

Uma amiga minha que é advogada, cujo perfil é de mulher bem séria, resolveu comprar uma *lingerie*, fazer uma fantasia. Mas ela escolheu algo tipo macacão de tigresa, que tinha um detalhe de madeira. O marido dela é superpalhaço, daqueles caras bem engraçados. Ela não avisou sobre a surpresa, não disse nada. Eles tinham três anos de casados e naquele dia ele chegou em casa e a viu com o macacão. Na hora em que ele a viu, como ele é muito engraçado, foi espontânea a fala dele: "Vem cá, minha Jane, que eu sou Tarzan". Ela ficou muito

> brava, porque queria que ele dissesse algo como "Nossa! Que linda que você está". Então, sempre conto essa história dizendo que, se a gente for usar uma fantasia, e caso você nunca tenha usado, a dica é: dê algum sinal, tipo: "Hoje vai ter uma surpresa", "Hoje vai ter alguma coisa diferente". Nunca chegue do nada, porque às vezes você tem uma expectativa de algo muito bom e pode se tornar ruim.

Outra coisa muito importante nesse aspecto é saber que o homem é muito estimulado sexualmente. Eles mandam vídeos sobre o assunto e as mulheres não fazem isso com a mesma frequência que eles fazem.

É muito difícil para as mulheres falarem sobre sexo. Geralmente, quando uma mulher fala com a outra, é para reclamar que não sente vontade, mas ficar falando sobre sexo o tempo todo, falando sobre o que é bom e o que não é bom, isso é muito difícil. Então, a dica é: use a imaginação. Tente pensar sobre isso, sobre as vezes que vocês fizeram e que foi bom. Tente lembrar do começo do casamento, como era a sensação, porque a gente sabe que no começo as coisas costumam ser um pouco diferentes. Assim, tente resgatar a memória dessas coisas boas, desses momentos agradáveis.

Apesar de algumas pessoas não terem essa experiência positiva no início da relação, devo deixar essa dica para aquelas que têm bons motivos para relembrar aqueles momentos iniciais. Enfim, resgate coisas boas na sua mente, pense sobre elas durante o dia.

Essa dica eu dou no Instagram e funciona bem para muitas mulheres, e algumas delas me dão *feedbacks* bem legais. Por isso, insisto, tente pensar desde cedo a respeito e não espere ser procurada: procure-o! Com certeza isso fará a diferença.

Outra coisa muito legal para se tentar são os alimentos afrodisíacos. Mas lembre-se de que, assim como eu indico alguns suplementos de vez em quando (como maca peruana ou *tribulus terrestres*), eles são suplementos e alimentos como outros, de modo que nem todos poderão obter o mesmo resultado. Como são elementos naturais, nem todos terão o mesmo despertamento, mas penso que vale a pena tentar.

Alguns dos alimentos que indico, são: o amendoim, a maca peruana (que você pode comprar em cápsulas ou em pó) e adicionar no preparo de alguns alimentos, a ostra, o chocolate, o morango (que não é necessariamente afrodisíaco, mas ajuda a criar um clima, como o morango com chantili, por exemplo). Esses detalhes carregam um clima por trás e você só tem que usar a criatividade. Toda mulher sabe o que desperta essas sensações desejadas em si mesma. Se uma mulher prefere a champanhe, então tente resgatar tudo isso no dia que planejou para ser especial.

Para aqueles que têm filhos, pare de falar que não tem com quem deixá-los para ter uma noite diferente. Coloque as crianças para dormir mais cedo. Portanto, não use isso como desculpa.

E, por último, mas não menos importante, desligue-se dos seus problemas. Essa é uma dica muito importante para a melhora da libido. Se você só fica pensando em coisas ruins, considere aquilo que falei sobre as prioridades: aquilo que a gente coloca como prioridade se torna uma prioridade. Tente se desligar de tudo o que está pensando de ruim, como contas ou problemas pessoais ou domésticos e filho doente. Focalize o momento que deseja. Se você se propuser a fazer esse momento acontecer uma vez por semana, coloque isso como prioridade e dê o seu melhor. E lembre-se de que, quanto mais você fizer, mais você terá vontade; quanto menos fizer, menos você terá vontade.

• •

Mulher, a sua cabeça precisa estar no lugar certo. Basta um cheiro desagradável (talvez uma incompatibilidade de feromônios?), um comentário insensível, uma unha afiada, e a mágica desaparece. Embora os homens consigam manter a mesma trajetória estável em direção ao orgasmo, a missão feminina pode ser abortada a qualquer momento. Qualquer interrupção, insegurança ou pensamento sobre o que precisa ser acrescentado à lista de compras pode atrapalhar.

• •

QUANDO O MICRO-ONDAS NÃO LIGA
OU FALTA ENERGIA

Agora vamos entrar em um assunto que não é tão confortável, mas precisamos falar sobre ele. O que acontece quando o homem "broxa", quando o homem não consegue manter a ereção? Quando o parceiro tem disfunção erétil, como nós, mulheres, nos sentimos?

Sabemos que essas situações envolvem muito o homem, em parte pelo mesmo motivo da falta de educação sexual que o brasileiro tem. O homem se sente mal, muitas vezes coloca a culpa na mulher, mesmo que possa parecer difícil de acreditar, ainda existem homens assim em pleno século XXI! De certa forma, nós, mulheres, carregamos culpa por tudo... mas esse é outro assunto.

Precisamos entender o contexto que temos vivido e, além disso, discernir aquilo que é pontual daquilo que acontece esporadicamente e do que se torna rotineiro. O que é esporádico é considerado normal pela Sociedade Brasileira de Urologia (SBU), que estuda a questão da sexualidade masculina. Os profissionais da SBU realizam diversos estudos que dão conta de que homens entre 40 e 80 anos de idade, pelo menos uma vez na vida, sofrerão algum tipo de disfunção, não conseguirão ter ereção, não conseguirão mantê-la, além do problema da ejaculação precoce.

As mulheres precisam entender o contexto em que isso se dá. De uma vez por todas, essas questões masculinas não têm nada a ver com as mulheres. Eu penso que essa informação é muito reconfortante, ela deixa a mulher mais leve. Por quê? Porque a sociedade tem colocado na mulher a culpa das ocorrências dentro de casa. Se filho se machuca, se filho isso ou aquilo, a mulher tem responsabilidade. Nos relacionamentos entre casais acontece a mesma coisa. A mulher acaba sendo culpada por acontecer isso com o marido.

A palavra de ordem nesses casos é, mais uma vez, diálogo. Precisamos conversar sobre isso com o parceiro. O homem também precisa entender que nem sempre isso é culpa dele, mas pode ser um problema de outra natureza.

Se a gente olhar rapidamente para a situação, entenderemos que o homem olha para si e o pênis fica ereto. Para haver o comando para o pênis ficar ereto, é preciso que o cérebro aja, de modo que percebemos que tudo está relacionado ao nosso eu psicológico.

Os estudos são unânimes em falar que para nós, mulheres, em relação à libido, também há dependência do nosso eu psicológico. Considera-se que 15% da baixa libido está relacionada ao uso de anticoncepcionais ou de outros medicamentos e, os 85% restantes estão relacionados ao nosso psicológico. Veja como o lado psicológico da pessoa é muito importante, pois ele "manda" em muita coisa. Por isso, precisamos estar com ele bem ajustado, isto é, com as emoções equilibradas e com saúde emocional em dia.

Então, a nova dica é: se isso acontecer, tem que tratar o assunto com naturalidade. Não é culpa de ninguém e está tudo bem, é natural que isso aconteça. Se hoje não deu, amanhã dará certo. Tentem pensar positivo e, se isso persistir, se começar a acontecer frequentemente, vocês não precisam conviver com esse tipo de problema, pois há tratamento e o caso é reversível. Procure um médico urologista, que é o indicado para lidar com isso.

Para você, mulher, a ocorrência da falta de ereção não tem a ver com o seu peso, nem com o seu corpo, nem com a maneira como você fala. Há muitas mulheres que pensam ser as responsáveis por todos os problemas que acontecem dentro de suas casas e no relacionamento conjugal. Você não é culpada por isso! Fiquem bem tranquilas, sintam-se mais leves.

Temos que entender que na vida a gente carrega pesos e há determinadas coisas, a maioria delas, que nós mesmas colocamos mais cargas em cima do peso já existente. Tente lidar com a questão da disfunção de uma maneira mais leve, conversando a respeito, pois eu penso que o diálogo sempre fortalecerá o relacionamento, ajudará a ambos para que não se sintam tão mal.

É sabido que a mulher está cheia de desejos e, se isso não acontece, se ela não é correspondida, ficará triste; mas é certo que existem outras formas de satisfazer o desejo sexual além da penetração e é por isso que o casal tem que conversar. Conversando, o casal se conhece e aprende que em um beijo, em um toque, e de muitas outras maneiras a satisfação acontecerá. Quando o casal está unido, não é um dia em que acontece a disfunção que acabará com o seu relacionamento, que acabará gerando uma discussão desnecessária e colocando a culpa um no outro.

Eu já li alguns estudos dizer que a ejaculação precoce tem sido um dos grandes motivos no rol de causas dos divórcios, e não precisa ser assim.

Muita gente culpa os hormônios, o anticoncepcional, o remédio antidepressivo, aquele *remedinho* para ansiedade e a gente sabe que eles têm uma parcela de culpa, mas sabemos, também, que não são somente eles os responsáveis pela queda, pela diminuição e até pela ausência da libido. Muito se culpa a baixa testosterona, mas, quando o exame dos seus níveis é feito e o resultado é normal, nota-se que o fator psicológico é muito importante nessa situação.

Mas existe algo maior, algo muito mais importante, que é a questão da admiração mútua, a questão de quanto um se importa com o outro. Relacionamento não é só sexo e a gente sabe muito bem disso — e não é de hoje.

Mas, infelizmente, para alguns casais, para algumas pessoas, isso realmente é o que importa.

Eu gostaria de sugerir que você refletisse no fato de que às vezes a sua libido está muito baixa e você está querendo fazer mil coisas e tomar mil suplementos ou remédios milagrosos. Como já disse, essa é uma das solicitações que eu recebo com mais frequência: "Gabi, me passa alguma coisa, me passa a vitamina, me passa alguma substância que faça um milagre em mim".

Às vezes o milagre está na conversa a dois, às vezes, o milagre está em uma mudança no modo como acontece o relacionamento. Quando eu paro de admirar o outro, eu paro de querer surpreender. Se isso acontecer, eu paro de ter desejo de estar próximo ao outro, paro tudo e a situação se torna uma grande cascata. **Admirar** — eu gosto muito dessa palavra — ou **admirar um ao outro**, realmente é um dos pilares que devem permanecer entre o casal. Reflita como está a sua relação a esse respeito.

Isso deixa ainda mais clara a tese que falávamos de que você deve ser o maior incentivador dos sonhos do seu companheiro, da sua companheira; você deve se preocupar cada vez mais com o outro, e isso é o que vai transformando a relação pouco a pouco. Não deixem as coisas entrarem na rotina. Transformem! Façam cada um a sua parte e, com certeza, isso vai valer muito a pena.

FALTA DE VONTADE POR FALTA DE LIBIDO

Primeiramente, quero explicar o que os estudos dizem. Hoje, cerca de 80% das mulheres estão de alguma forma insatisfeitas com a sua vida sexual. Quando se trata da falta de libido, que se manifesta na frase "Ah... não tenho vontade de fazer", cerca de 35% das mulheres dizem encontrar dificuldade em relação à libido. Nesse grupo de 80%, há mulheres que sentem desde dor até falta de atração física pelo outro. Em relação à libido, isso está relacionado ao meio em que a pessoa está vivendo.

Quais são as maiores causas da falta de libido, da falta de vontade de fazer sexo? Entre as principais, o estresse no trabalho, o estresse em casa, com a família. Precisamos entender que nós somos uma só pessoa. Que bom seria se chegássemos em casa e deixássemos os nossos problemas da porta para fora, e que, quando entrássemos em nosso quarto na hora do sexo, não pensássemos em mais nada. Infelizmente não é assim que as coisas acontecem. Precisamos, a todo momento, trabalhar o nosso lado psicológico.

Todos gostamos de colocar a culpa em alguém, mas precisamos entender que nós temos que fazer a nossa parte. Pense sobre isso quando for nomear um culpado para os seus problemas.

Outra causa de muito destaque para a baixa libido é a dispareunia, que são as dores durante o ato sexual. Ninguém precisa e ninguém deve transar com dor; há tratamento para isso. Eu indico fortemente a fisioterapia pélvica. Os profissionais que realizam esse tratamento são excelentes e, de todas as pessoas que passaram comigo, que se consultaram ou mesmo as perguntas que eram sobre isso e que eu indiquei a fisioterapia, todas deram um *feedback* muito positivo. Então, penso que vale a pena informar-se sobre isso, caso você esteja enfrentando esse problema.

Segundo Kolodny, Masters e Johnson, a maior parte dos casos de dispareunia reflete problemas psicológicos mais do que físicos, relacionados principalmente com dificuldade de lubrificação vaginal. Vários processos orgânicos podem causar esse problema, como o uso de anti-histamínicos, vaginite atrófica, diabetes mellitus. A maioria dos casos, porém, parece estar relacionada com falta de excitação sexual.

Outra queixa e causa de baixa libido é o uso de substâncias como cigarro e álcool. De certa forma, esses vícios comprometem a libido. E as doenças cardiovasculares, o que os estudos dizem? Eles dizem que elas provocam uma diminuição na sensibilidade ao toque, o que acaba respingando na libido. Quem tem hipotireoidismo também sofre uma diminuição da vontade, do desejo. Mas lembre-se de que todas essas causas têm tratamento. É preciso procurar o profissional, pois aqui eu estou fazendo um apanhado geral sobre o assunto. No caso do hipotireoidismo, você deverá conversar com seu endocrinologista e ver de que forma é possível melhorar isso.

A falta de atração é outra causa presente em relação à baixa libido. O que acontece? Perda da confiança ou traição? Quando isso acontece, a pessoa tem diminuição da atração pelo outro.

Algumas pessoas perguntam: "Gabi, perdeu a atração, ou a química, acabou tudo?" Não! Sabemos que nos relacionamentos amorosos todos os erros e todos os problemas têm conserto. O que acontece muitas vezes é a indisposição da pessoa para resolver o que aconteceu.

Perdoar não é ter amnésia, perdoar não é esquecer. Perdoar é lembrar sem se machucar. Se você passou por um processo de traição, mas deseja continuar com a pessoa, se deseja perdoar, tudo bem, faça isso! Trabalhe a sua mente, mas trabalhe isso *de verdade*, para que não fique nada *guardadinho* lá no fundo do seu coração.

Se achou que perdoou, mas sempre que for para a cama ou sempre que acontecer alguma situação que remeta você volte a "jogar na cara", então reveja se você está lidando acertadamente com o ocorrido. Se está assim, voltando ao passado, você não perdoou, não teve o perdão genuíno dado à pessoa e, então, você precisa de ajuda.

Alterações vaginais, ressecamento, flacidez são outros pontos que interferem na perda de libido. Eu já ouvi: "Ah, Gabi, mas essas coisas são tão pequenas". Para algumas mulheres isso é muito significativo.

Às vezes, alguma cicatriz do parto é causa de sensibilização na autoestima. A dor do outro é a dor do outro, não é a minha. Há uma polêmica quando se fala em relação à melhora do aspecto da vagina e com algumas coisas eu devo concordar. E tem algumas coisas que são demais, são excessos. Mas precisamos entender que, se a mulher está incomodada com os grandes lábios que tem, ela tem o direito de recorrer a uma intervenção plástica para melhorar o lábio que a incomoda. É dela, não é mesmo?

Precisamos entender que aquilo que incomoda o outro, só o outro pode resolver. Se aquilo incomoda, cada um sabe o que é melhor para si. Se vai melhorar a autoestima, se vai melhorar o ato sexual, se vai melhorar o relacionamento como um todo, faça o que sente vontade de fazer e não a opinião de ninguém.

As pessoas estão se habituando a viver pelo que o outro diz ou irá dizer, pelo que o outro acha ou irá achar. Viva a sua vida sexual, viva o seu relacionamento e seja feliz! Ninguém paga as nossas contas, portanto vamos combinar isso!

Outra coisa importante que mexe com a libido são os traumas. Se você sofreu um abuso, uma violência sexual, se teve uma relação em que a pessoa foi grosseira e isso gerou algum trauma em você, é preciso resolver isso no campo psicológico.

Para isso, eu indico os psicólogos e você poderá recorrer a um processo de psicoterapia, porque há coisas que nós guardamos dentro do nosso coração, pensando que estão resolvidas, mas se a nossa vida sexual não vai para a frente, se o seu desejo não evolui e as coisas não acontecem, por vezes a gente não traça a relação que existe entre esse problema e o que guardamos em nós. Então, quem sofreu um tipo de trauma deve procurar um psicólogo sem preconceito. Com certeza, ele dará excelente ajuda na sua vida.

E, por último, mas não menos importante, está a questão da autoestima. A autoestima mexe total e completamente com a nossa libido. Se eu olho para o espelho e não gosto do que vejo, imediatamente começarei a pensar que não sou atraente, que não sou bonita, que não sou suficiente, que a mulher que trabalha com meu marido é muito mais bonita ou que a vizinha é muito mais atraente e sedutora.

Encontre em você o que precisa, porque eu tenho certeza de que você é muito mais bonita do que você mesma pensa. Às vezes, nós nos comparamos a outras pessoas e olhamos para a aparência, para o lado externo. Olhe para você e com certeza terá muita coisa boa e linda que não está conseguindo enxergar.[7]

> Aceitar a si mesma em todo o seu esplendor é fundamental para ser feliz, saudável. Todo mundo tem uma noção muito própria do que é natural e do que parece certo. Procuramos alimentos naturais para nossos filhos e temos horror a sorrisos falsos, mas não vemos problemas em injetar preenchedores dermatológicos no rosto para parecermos mais jovens ou em colocar bolas de silicone nos seios para parecermos mais gostosas. Essa dicotomia alimenta a sensação de descontentamento. Beleza é realidade. Se conseguirmos viver de maneira mais alinhada com o que é natural e genuíno, seremos mais calmas, mais tranquilas e mais realizadas.
>
> Julie Holland

Mas como é que eu faço isso? Todos os problemas têm solução. Eu falei de profissionais como endocrinologistas, fisioterapeutas pélvicos, psicólogos, e há coisas que eu, como sexóloga, posso ajudar. Você precisa sair da zona de conforto e buscar ajuda especializada. Se ficar esperando o desejo cair em seu colo, ele não virá. É preciso que você faça a sua parte.

---

[7] HOLLAND, Julie. **Mulheres em ebulição.** Rio de Janeiro: Sextante, 2015. p. 187.

Tire um dia para cuidar disso, pense mais a respeito, faça a sua parte e converse com o seu marido, com quem você se relaciona, pois a pessoa com quem você está precisa entender que o desejo não é igual para todos, pois somos pessoas diferentes, e que o sexo não acontece só na hora da cama. O sexo não é só penetração, o sexo começa no "Bom dia", no "Vou te ajudar em casa" ou fazendo as coisas que são comuns a todos, compartilhando esforços e tarefas. O sexo começa no simples beijo, no simples abraço, no dormir de conchinha, mesmo que não *role* sexo nem contato.

Tudo isso é o que faz a gente querer mais.

PONTOS DE PRAZER DO HOMEM

O assunto agora são os pontos de prazer do homem. Várias mulheres têm dúvidas e pediram para falar sobre isso, desmistificando algumas coisas que circulam na sabedoria popular.

O principal órgão masculino seria o pênis, o órgão do homem, assim como mulheres sentem bastante prazer na vulva e na vagina. Na cabeça do pênis, que aparece quando se baixa a glande (no caso de homens que não fizeram cirurgia de fimose nem daqueles que fizeram o ritual da circuncisão), o homem sente muito prazer, mas também tem muita sensibilidade.

Outro ponto de prazer masculino é nos testículos, que estão na bolsinha (saco escrotal), que fica na parte de trás do pênis. Também há o períneo, bem no meio, na região entre a bolsa escrotal e o ânus.

Outros pontos de prazer são o bumbum, os mamilos e as duas regiões que chamam a minha atenção: os lábios.

Nós sabemos como o beijo desperta o prazer. O beijo é o fogo de tudo, mas na região entre a boca e o ossinho que o homem tem um pouquinho mais saltado na região do pescoço, o pomo de Adão ou gogó. Ali, pequenas mordidinhas e lambidas despertam o prazer, porque é um ponto sexual masculino.

Também podemos lembrar que zonas erógenas, como o nome já diz, estão relacionadas de forma geral ao prazer. Porém, cada pessoa tem as suas e vocês, mulheres e homens, precisam trabalhar o autoconhecimento para chegar a elas. Quando sentir um toque, quando perceber algo que despertou aquele calorzinho ou um arrepio durante a relação, durante o beijo, durante o abraço, se permita, se entregue para esse momento e veja quais são as sensações em cada parte do seu corpo. Com certeza um estimulando o outro ficará muito mais gostoso.

COMO SENTIR O MESMO DESEJO DO INÍCIO DA RELAÇÃO?

"Eu queria sentir aquele fogo"; "Eu queria sentir *aquela coisa* do começo". Uma pessoa me fez a seguinte pergunta: "Por que isso acontece? É possível voltar a sentir tudo isso?".

Eu vou tentar responder a essas perguntas. Nós precisamos entender que o início de uma relação, o período da descoberta, do conhecer mútuo, o que a gente não sabe sobre o outro vai gerar o sentimento de descoberta, de conhecimento e de desejo. Porém, conforme a gente vai conhecendo as qualidades, os defeitos, os problemas um do outro, a gente vai se acostumando e criando certa convivência.

Quando o relacionamento cai na rotina, não tem nada a ver com o tempo que há de relacionamento, porque essa é uma questão escolha, de decisões. Eu conheço casais que escolhem um ao outro todos os dias, que têm um tempão de relacionamento mútuo e não deixam cair na rotina. Essa é a prova de que se trata de uma escolha. Esses casais não têm problemas? Longe disso, eles têm problemas como todo mundo tem.

Precisamos entender que a chama do desejo é muito comum no início dos relacionamentos e que nós podemos nos relacionar com dez pessoas ao longo do tempo e todos os inícios serão sempre iguais.

O que é importante entendermos é a necessidade de estar a todo momento dialogando, conversando, entendendo um ao outro, vendo o que um gosta, o que o outro gosta, mudando os pontos de estímulo do prazer, conversando mais um pouco e se entendendo sempre mais. O diálogo deve fazer parte de todos os relacionamentos, e isso é muito importante de ser percebido por nós.

Saiba que sem o diálogo não viveremos um relacionamento. Mais do que isso, a chama acesa deve ser mantida pelas duas pessoas, não por uma só. O casal deve preservar, se importar, reconhecer, ajudar um ao outro e não perder esse propósito de vista, independentemente da fase profissional que cada um esteja vivendo, independentemente de a maternidade ter acontecido, independentemente de todas as circunstâncias negativas.

Volto a reforçar o que falei anteriormente: o sexo não é tudo em um relacionamento.[8] Pois como ficaria a situação de um casal que passasse por um processo de enfermidade, em que um dos dois fique doente? Nesses casos não há transa e, não havendo mais transas, não terá casamento? Não é assim.

> Quando o casal não pode praticar o ato sexual em função de algum problema, é este o melhor momento para o marido demonstrar quanto ama sua esposa e a respeita como eterna namorada, dando-lhe muito carinho, atenção e afago, independentemente da relação sexual.
>
> Josué Gonçalves

Na ocorrência da maternidade, a frequência sexual tenderá a diminuir. Tudo isso são fases, momentos da nossa vida. Temos que entender e reconhecer qual é a fase em que estamos, qual é o momento que atravessamos, mas isso não nos impedirá de sermos um casal feliz, não nos impedirá de sermos um casal que deseja um ao outro. Nós podemos sentir desejo, mesmo quando nos relacionamos há muito tempo.

Então, fica a dica: aproveitem-se mutuamente. Se não conseguem estar juntinhos todos os dias, não há problema nisso; mas, quando estiverem juntos, que seja um tempo de qualidade, assistindo a um *filminho* juntos, e,

---

[8] GONÇALVES, Josué. **104 erros que um casal não pode cometer.** Bragança Paulista: Mensagem para Todos, 2014. p. 266.

mesmo que não *role* sexo, não deixem de se abraçar, não deixem de se beijar, de pegar na mão do outro, de se tocar.

O BEIJO, O TERMÔMETRO DA RELAÇÃO

O beijo nada mais é do que a melhor forma de medir o relacionamento. O que eu quero dizer com isso? Que os relacionamentos podem ser medidos por um beijo.[9] Por exemplo, comece a trazer à memória como era o relacionamento de vocês quando começaram a namorar. Tudo começou por um beijo, não foi?

> Os beijos são indicadores da qualidade de uma relação sexual. Quando os beijos são apaixonados, quentes e profundos, e quando formam parte constante da relação de um casal, é muito provável que desfrutem de uma relação sexual buscando ajuda para sua relação e que informem que adoram se beijar.
>
> Clifford e Joyce Penner

Quando vocês ficaram noivos? Teve beijo. No casamento, o que todos mais esperam quando o padre, o pastor ou o celebrante está encerrando a cerimônia? O beijo.

O beijo está presente em todas as fases da nossa vida. Quando o bebê nasce, o que a mãe quer fazer o

[9] PENNER, Clifford; PENNER, Joyce. **Comece hoje a esquentar a relação.** Rio de Janeiro: Thomas Nelson Brasil, 2012. p. 107.

quanto antes? Abraçar e dar um beijo. O beijo está presente em todos os momentos da nossa vida, mas nos relacionamentos, sendo relacionamento sexual, espera-se mais beijos. E é preciso entender quanto ele realmente é importante.

Eu disse que o beijo é o termômetro do relacionamento de um casal, porque os recém-casados, quando começam a se relacionar ou a morar juntos, se despedem para ir trabalhar com um beijo. Quando retornam para casa, chegam e ganham (ou dão) um beijo e isso, com o passar do tempo, vai ficando para trás, vai sendo esquecido. Esse é o sinal de alerta. É preciso refletir sobre quanto o beijo realmente faz a diferença no relacionamento.

Você sabia que há muito mais troca durante o beijo do que na própria relação sexual? Há muito mais envolvimento emocional durante o beijo? É por isso que o beijo está tão presente nas preliminares, na vida das mulheres, e, claro, muitos homens também gostam, fazem questão, pedem para se beijarem.[10]

Fechem as cortinas. Entrem debaixo dos lençóis. Ali, na escuridão, comecem a se abraçar e a se acariciarem muito suave e lentamente. Dediquem muito tempo a se beijarem intensa e apaixonadamente.

Joyce e Clifford Penner

---

[10] PENNER, Clifford; PENNER, Joyce. **Comece hoje a esquentar a relação.** Rio de Janeiro: Thomas Nelson Brasil. p. 166.

Eu devo aconselhar vocês a que se beijem muito! Para os casais de namorados, beijem-se pelo WhatsApp, por aplicativos. Beijem do jeito que vocês quiserem, mas os que ficam mais em casa, não percam a oportunidade de se beijarem muito.

Não permita que o seu relacionamento esfrie, e faça isso beijando, beijando muito! Se estão perdendo o hábito de dar beijo na hora que chegam em casa, se estão perdendo o hábito de dar beijinhos na hora que saem para trabalhar, voltem, resgatem essas coisas. Pare com a síndrome de Gabriela: "Eu nasci assim, eu cresci assim, já está assim mesmo e assim vai ficar".

Nada que está assim precisa ficar desse jeito para sempre. Para tudo há uma forma de nos refazermos. A quarentena por conta da pandemia por Covid-19 ensinou muitas coisas para quem está apto a aprender. Foi um tempo de nos reinventarmos, um momento de olharmos para dentro de nós e nos redescobrirmos.

Ficar mais tempo em casa foi uma oportunidade de refletir. Mas independentemente de estarmos ou não nessa restrição de circulação, veja como está o seu relacionamento, de que forma você pode mudá-lo, transformá-lo e melhorá-lo. E pare com esse negócio de "tudo sou eu, sou sempre eu". Sente, converse. A partir de hoje, eu quero que você faça isso, e quero que você se surpreenda e surpreenda a pessoa com quem você está.

Quando você ouve que o beijo é o termômetro do relacionamento, isso conforta ou deixa assustado, apavorado? Porque os casais, depois de um determinado tempo de envolvimento, não apenas depois do casamento, diminuem a quantidade de beijos (pois há casais que só se beijam quando namoram).

O que aconteceu? Alguns estudos mostram que casais com mais de cinco anos de relacionamento não se beijam mais. Uma pesquisa americana diz que 18% das pessoas casadas passam até uma semana inteira sem se beijar e 40% se beijam por cinco segundos ou menos.[11]

Atendi uma mulher que disse fazer dois anos que não tinha um orgasmo. Eu questionei se ela sabia o que tinha acontecido, pois durante dezoito anos tinha dado certo e, agora, por que há dois anos não dava? Ela disse: "Eu não percebo, não vejo", só que no final da frase ela disse: "É, eu acho que pode ter alguma relação com o fato de ele ter parado de me beijar". Eu questionei: "Por que que você não beija ele?", e ela respondeu: "Não me falta mais nada mesmo, né? Eu ter que pedir isso para ele". "Não! *Tô* dizendo para você tomar a atitude", eu disse, e ela respondeu: "Mas eu nunca procurei, sempre foi ele que me procurou".

Eu entendo que isso aconteça no sexo, e que é uma questão cultural, mas nós estamos falando de um beijo, não estamos falando de sexo e, ainda que fosse, é preciso trabalhar a procura. Ela disse: "*Tá*, então *tá*. Eu vou tentar fazer". Na outra consulta, ela retornou toda feliz e disse que realmente, com o

---

[11] Disponível em https://www.vix.com/pt/bdm/comportamento/como-e--o-beijo-que-os-homens-mais-gostam?utm_source=next_article

> beijo, ela conseguiu chegar ao orgasmo novamente. Então, essa é a prova viva de que o beijo pode formar as relações, os relacionamentos, a própria relação sexual como um todo.

Se eu comecei falando que o beijo é o termômetro do relacionamento, como está o relacionamento desse povo? Temos que entender que através do beijo é que se acende o fogo e se desperta o desejo. Quem nunca passou pela situação de estar sem vontade alguma e, ao dar um beijo de boa noite, já começou a aquecer tudo e partiram para cima um do outro? O beijo é a energia que o homem precisa para ligar e a lenha que ajuda a esquentar a mulher.

A gente sabe que isso acontece e pode acontecer com muita gente. Então, é importante refletirmos se no nosso relacionamento há beijo ou não. Se não há, qual é o motivo?

Primeiramente, esse estudo americano diz que o que acontece é que muitos casais deixam de beijar para fugir do sexo, para fugir da intimidade, porque sabem que é pelo beijo que isso começa. Muitos casais não se beijam mais e a lista dos motivos é de chorar! Alguns dizem que o outro ficou com mau hálito, outros dizem que parece que o outro não sabe mais beijar, umas coisas assim meio nada a ver. Enfim, eu devo estimular você a reverter essa situação, a mudar isso. E é muito fácil: comece a beijar!

Mesmo quando não há mais aquele fogo, aquela coisa *caliente*, comece com beijos, mas beijos de verdade, beijos de língua em que há envolvimento não só físico, mas emocional também.

O estudo norte-americano diz que todo casal que dá o primeiro passo, que começar a fazer isso, vai colher os frutos. Então, estou passando aqui para dizer que nenhum relacionamento que está frio, morno, sem beijo, precisa continuar desse jeito. Basta a gente querer mudar essa situação e fazer a nossa parte.

EXERCÍCIO

UMA PAUSA PARA REFLETIR
SOBRE A SEXUALIDADE

— Como você percebe a sua sexualidade?

_____

_____

_____

_____

— Tudo o que envolve sexo é normal para você ou ainda existe algum tabu?

_____

_____

_____

_____

— Você teve educação sexual? Acha que é/foi importante?

_____

_____

_____

_____

— Como você fala sobre sexualidade com seus filhos? Se ainda não tem filhos, como pensa em abordar o assunto?

_____

_____

_____

_____

CAPÍTULO 2

O casamento

Como sabemos, casamentos costumam ser fases do relacionamento em que parte das expectativas que foram criadas durante o namoro são frustradas. Por isso, quero falar de uma lista com dez coisas sobre as quais não colocarei que você deve, mas que você pode fazer para transformar e melhorar o seu casamento.

A **primeira coisa** que podemos fazer é começar o nosso dia com um "Bom dia" e terminá-lo com um "Boa noite". Essas são pequenas coisas que acabam sendo esquecidas, mas que muitas vezes podem fazer a diferença na hora de aproximar casais e abrir uma porta para o diálogo, além de demonstrar cuidado e bons desejos mutuamente.[1]

Dar-se é proporcionar a atenção em todas a horas, preocupando-se com o bem-estar e com as suas necessidades, com o carinho por meio de um olhar, uma gentileza, uma participação, por menor que seja, nas tarefas domésticas. Uma palavra de elogio, um toque de mão, uma declaração de dependência e carinho significativo são as atitudes que você, marido, pode propiciar à sua esposa e companheira, àquela que está ao seu lado aguardando ansiosamente a sua presença em casa.

Josué Gonçalves

---

[1] GONÇALVES, Josué. **104 erros que casais não devem cometer.** Bragança Paulista: Mensagem para Todos, 2014. p. 215.

A **segunda coisa** é a autorresponsabilidade. Sabemos que a mudança é algo que se faz necessário; porém, muitas vezes, ficamos esperando pela mudança no outro. Eu tenho que entender qual é a minha responsabilidade no relacionamento, e por vezes alguns problemas têm a solução ao meu alcance, quando eu posso abrir mão de detalhes pela melhor convivência de ambos. Eu posso, sim, tentar resolver certas coisas e não ficar apenas reclamando como, geralmente, a gente tem o hábito de fazer.

A **terceira coisa** que você pode fazer é incluir elogios e remover críticas.[2] Criticar é algo comum, principalmente a partir de nós, mulheres, que temos esse hábito. Porém, elogiar tem um efeito muito melhor. Algumas teorias dizem que, a cada crítica que você faz, é preciso fazer de cinco a sete elogios para equilibrar a situação. Então, eu deixo aqui essa sugestão: elogie mais. Você vai ver o seu casamento e o seu relacionamento ser transformado.

• •

Se quiser transar mais, elogie o parceiro que o rejeita! Não é de admirar que essa tática funcione: no relacionamento, sentir-se bem com o parceiro cria uma atmosfera positiva e, por conseguinte, leva a mais sexo; todos nós sabemos disso. Também sabemos muito bem que ficar de cara feia quando se recebe um "não" só aumenta os problemas. Porém, é espantoso ver quanto aumenta a frequência

[2] THIEL, Christian. **Mulheres querem sexo, homens sempre têm dor de cabeça.** São Paulo: Cultrix, 2017. p. 56.

do sexo com uma convivência amigável, pois a probabilidade de que o entendimento leve à sexualidade duplica ou mesmo triplica.

Christian Thiel

A **quarta coisa** que você poderá fazer é ser grato ou grata. Sabemos que a gratidão só acrescenta coisas boas. Há diversos textos sobre isso. Quando a gente entende que no universo sempre há alguém passando por uma situação pior do que a nossa, nos tornamos grandes, ao perceber que o nosso problema não é o pior. Quando achamos que o nosso problema é o pior lugar do mundo, ele se tornará, de fato, o pior lugar do mundo.

Portanto, sejam gratos. Sejam gratos pela pessoa com quem vocês estão. Sabemos que muitas pessoas desejam ter um relacionamento saudável e não têm. Então, independentemente dos defeitos da pessoa com quem você está, independentemente dos problemas que vocês enfrentam, você tem tido sucesso e vivido momentos de prazer. Então, sejam gratos um pela vida do outro.

A **quinta coisa** que pode ser feita por você é perdoar.[3] A gente sabe que a medicina tem se rendido ao ensino sobre a falta do perdão, pois ela tem gerado uma série de doenças. Também há estudos relacionando a falta de perdão à ocorrência do câncer. Então, perdoe, pois quem não perdoa, adoece.

---

[3] PAULA, Ciro Lima de; PAULA, Iara Diniz de. **Edificando um novo lar.** Belo Horizonte, 2008. p. 21.

• •

O perdão devolve o viço e o brilho do relacionamento em amor.

Ciro e Iara Paula

• •

Sabemos que há situações nos relacionamentos que são mais graves, como a traição. Mas você pode perdoar. Se continuará com a pessoa, será uma questão de escolha pessoal, de decisão. Mas perdoe, pois essas pequenas coisas que ficam no relacionamento vão colocando travas, vão acrescentando pedras e lá na frente, se você não perdoar hoje, quem irá adoecer será você. Então, pare e pense, reflita sobre o perdão, que traz muito mais consequências boas do que ruins.

A **sexta coisa** que é possível ser feita é não falar mal do outro para pessoas de fora da relação. Nós podemos desabafar, nós podemos conversar sobre o nosso relacionamento, mas não fique falando mal com pessoas que não são indicadas para ouvir sobre seus problemas.

A pessoa com quem você está é o seu cônjuge ou parceiro porque você a escolheu para viver com você. Então, não fique falando mal dela. Você gostaria se fosse o contrário? Essa *perguntinha* faz parte da minha vida: "E se fosse no meu lugar, se fosse eu, será que eu gostaria?".

As mulheres têm uma necessidade de falar, de contar, de nos abrir, mas tenha cautela, tenha cuidado, porque às vezes o tiro pode sair pela culatra e o que a gente não quer para nós, a gente não deve fazer para o outro.

A **sétima coisa** que pode ser feita por vocês é descobrir qual é a linguagem de amor do seu marido. Tem um livro muito interessante que se chama *As cinco linguagens do amor*[4], em que se pode aprender que cada pessoa tem uma linguagem própria de amor.[5] Com certeza, em relação aos homens, nós, mulheres, somos completamente diferentes, de modo que você precisa descobrir essa diferença para o bem do casal.

• •

De acordo com Gary Chapman, em seu livro *As cinco linguagens do amor*, devemos dominar os idiomas do amor da mesma forma que dominamos o nosso idioma – a língua através da qual comunicamos. Como cada pessoa é única, temos maneiras diferentes de comunicar amor. Quando isso não é compreendido, o relacionamento pode se tornar uma Torre de Babel, onde cada um vai se expressar à sua maneira, sem ser entendido e sem entender o outro. É preciso então conhecer e aprender essas linguagens. São elas: palavras de afirmação e encorajamento; qualidade de tempo; dar presentes; formas de servir; toque físico.

Ciro e Iara Paula

• •

Muitas vezes um "Eu te amo" não vem nesse formato, mas vem ao passar em um lugar e comprar uma coisa que a pessoa gosta, vem de levar para um passeio legal. Todos esses modos são meios de dizer "Eu te amo".

---

[4] CHAPMAN, Gary. **As 5 linguagens do amor:** *como expressar um compromisso de amor a seu cônjuge*. São Paulo: Mundo Cristão, 3. ed., 2013.

[5] PAULA, Ciro Lima de; PAULA, Iara Diniz de. **Edificando um novo lar.** Idem, 2008. p. 58.

Então, há *n* maneiras de demonstrar o amor. Nós precisamos descobrir qual é a forma que a pessoa com quem a gente está se relacionando tem tentado falar "Eu te amo" para nós e como nós devemos dizer "Eu te amo" de modo que a pessoa entenda.

Não somos iguais, por isso precisamos entender essa diferença nos relacionamentos. Quando a gente percebe e toma consciência de que somos seres humanos muito diferentes, isso é libertador.

Em **oitavo lugar**, saibam dialogar. Podemos aprender e saber conversar adequadamente. Quando a gente diz: "Você me machucou", colocamos o outro na frente. Mas quando dizemos: "Eu estou magoada, eu estou chateada", colocamos a nós mesmos diante da situação.

Por outro lado, quando o seu parceiro beija o seu pescoço e você começa a sentir uma sensação gostosa, se você não diz isso, não verbaliza, ele não saberá e não beijará o seu pescoço novamente. "Ah, mas ele sabe." Não, ele não sabe. Ele não tem bola de cristal. Ainda mais os homens, que vivem "viajando", eles estão de olho fechado vivendo um momento, experimentando as sensações que brotam de estarem com vocês.

Dialogar[6] mais, conversar mais... eu não sei quem inventou essa maldita DR. Eu costumo dizer em minhas palestras: "Tire isso da sua cabeça! DR é Discutir a Relação, e quem discute não chega a lugar nenhum. Nós precisamos trocar isso por CR, Conversar sobre a Relação". Quem conversa, se entende, e casais que dialogam e que

[6] GONÇALVES, Josué. **104 erros que um casal não pode cometer.** Bragança Paulista: Mensagem para Todos, 2014. p. 78.

conversam vão mais longe. Então, invista em diálogo com o seu parceiro, pois isso vai valer a pena.

> O outro nível em que se desenvolve o diálogo conjugal é o diálogo sexual, tão indispensável e fundamental quanto o interpessoal. Ele é indispensável porque amamos com a alma e também com o corpo, o que envolve a sexualidade com suas riquezas e ambiguidades. Ele é fundamental porque não se trata de um aspecto marginal da comunhão conjugal, mas da exigência de harmonia autêntica.
>
> Josué Gonçalves

Em **nono lugar**, façam sexo! Esse item tinha que constar da minha lista, obviamente. Uma das questões que eu recebo com frequência é sobre a falta do desejo, como já antecipei. Sabemos que existe algo na questão da vida sexual que é verdadeiro: quanto mais você faz sexo, mais vontade você tem de fazer; quanto menos você faz sexo, menos vontade você tem de fazer. Então, fica a dica de que sexo tem que ser praticado.

Sabemos, também, que existem inúmeros fatores que dificultam a prática constante, mas eu já deixei algumas dicas sobre como melhorar o desejo.

A **última coisa** que você pode fazer: leiam sobre relacionamentos, leiam sobre casais, leiam sobre vida íntima.[7] Em qual tema vocês enfrentam maiores

---

[7] PENNER, Clifford; PENNER, Joyce. **Comece hoje a esquentar a relação.** Rio de Janeiro: Thomas Nelson Brasil, 2012. p. 87.

dificuldades? Qual é o problema que está *rolando* nesse relacionamento? Leia mais a respeito. Tente aprofundar o seu entendimento sobre a vida conjugal, sobre a vida do casal, sobre relacionamentos.

• •

> Leiam juntos um bom livro de amor. Descobrimos que é de grande ajuda para os casais que leiam em voz alta um para o outro. O livro que escolherem pode ter como enfoque o sexo, a intimidade, a relação matrimonial em geral ou algum assunto específico que possa embelezar a relação amorosa. Leiam um capítulo por noite durante quantas noites da semana puderem.
>
> Joyce e Clifford Penner

• •

Se você perceber que é uma pessoa impaciente, leia mais sobre paciência e aprenda de que forma você poderá ser transformado. Os relacionamentos conjugais são feitos por duas pessoas, nunca por uma pessoa só. Então, é fácil para nós colocarmos a culpa no outro; mas pense, reflita sobre o que você tem feito para melhorar esse relacionamento que também é seu.

COMO NÃO DEIXAR SEU CASAMENTO CAIR NA ROTINA

Há muitas dicas que eu poderia dar sobre como não deixar o casamento cair ou entrar numa rotina enfadonha; porém, existem algumas coisas que a gente precisa fazer pelo bem do nosso casamento. Independentemente do que eu disse até aqui, você pode refletir sobre como está o seu relacionamento e sobre o que pode ser feito para que ele fique cada vez melhor. E lembre-se que o diálogo é a chave de todo relacionamento saudável.[8] Por isso, converse, converse muito com quem você se relaciona, pois certamente a chance de o casamento ficar cada vez melhor será muito grande.

• •

A comunicação é algo fascinante e que vai além das palavras. Expressões faciais, olhares, gestos e toques podem ser usados com muita habilidade na arte de transmitir ideias, pensamentos e sentimentos. O casal que busca construir um relacionamento sólido saberá lançar mão desses recursos, criando até mesmo um conjunto de códigos personalizado. Poderá também contar com a comunicação escrita que, em algumas situações, gera um resultado bastante significativo. Enfim, é fundamental que marido e esposa saibam manter livres os canais do diálogo franco, honesto, maduro e frutífero.

Ciro e Iara Paula

• •

Quando a intimidade chega, algumas coisas que são encantamento da vida no relacionamento a dois acabam sendo sensivelmente prejudicadas. Sabemos que ir ao banheiro de porta aberta, soltar "pum" na frente do outro e

---

[8] PAULA, Ciro Lima de; PAULA, Iara Diniz de. **Edificando um novo lar.** Belo Horizonte, 2008. p. 41.

coisas assim fazem parte da rotina de toda pessoa. Não estou querendo dizer que você não possa fazer isso, mas querendo ou não, para algumas pessoas, isso vai quebrando o encantamento, pois um pode achar que o outro perdeu a noção do ridículo. É preciso entender que para tudo há um equilíbrio. Precisamos respeitar o limite do outro e, a partir daí, viver a nossa vida de uma forma legal e tranquila.

Outra dica em relação a não deixar o relacionamento entrar na rotina é em relação às coisas pequenas, muito pequenas, como não deixar o marido ou a esposa sair de casa sem aquele beijinho, sem aquele afago, sem aquele abraço. Quando chegarem, da mesma forma. O "Bom dia!" quando acorda, quando sai, ou o "Boa noite!" quando se vai deitar, são pequenas coisas que fazem muita diferença nos relacionamentos. Essas coisas parecem muito pequenas, parece que não têm sentido, mas elas são vitalizantes e aproximadoras.

A questão de não cair na rotina, se tivesse que resumir, certamente seria assim. A gente não pode perder a essência de quando namorávamos, de quando começamos a nos relacionar, não deixar de dar aquele tapinha no *bumbum* (para quem gosta, a maioria não curte).

> Certa vez, recebi no meu consultório um casal que precisava e ajuda. No meio da conversa, ele começou a relatar que sempre buscava estimular e dar sinais de que tinha desejo por ela. Foi quando a mulher perguntou:
>
> — Quando você me estimula?
>
> — Quando eu passo e dou um tapinha em você, por exemplo — respondeu ele.

> Ela, em fração de segundos, rebateu:
>
> — Mas eu odeio quando você faz isso! Minha vontade é pegar uma faca!
>
> Rimos bastante dessa tragédia da falta de comunicação entre os dois. Mas esse é um exemplo de como os casais precisam saber o que cada um gosta de receber.

Quando passarem perto um do outro, não deixem de enviar uma mensagem do tipo "Estou morrendo de saudades". A instigação mútua entre o casal não pode desaparecer. É preciso deixar com vontade de cada vez mais estarem perto um do outro.

Ao falar sobre desejo[9] e em relação a quanto mais a gente faz, mais a gente tem vontade de fazer e, quanto menos a gente faz, menos a gente tem vontade, há que salientar algumas coisas. Estar próximos e não deixar cair na rotina tem a ver com tudo isso. Por exemplo, você sabia que os profissionais de sexo não beijam na boca? Por quê? Porque há muito mais envolvimento em um beijo na boca do que na própria relação sexual. Essa é uma superdica, pois tem muito casal por aí mantendo relação sem beijo, o que não pode acontecer.

Precisamos nutrir o nosso relacionamento, deixá-lo mais gostoso, despertar a vontade de "Quero mais".[10] Eu fico muito chateada quando consulto alguém e a pessoa diz que não tem vontade de voltar para casa. A nossa casa, o nosso lar, deve ser o melhor lugar na Terra para

---

[9] SUPLICY, Marta. **Conversando sobre sexo**. 18ed. Rio de Janeiro: Vozes, 1993. p. 206.

[10] MUNIZ, Lu. **Conversa íntima**. Motres. p. 73.

estarmos. Às vezes, o que prejudica o relacionamento é que as pessoas são muito egocêntricas: "Ele não faz nada por mim, não me ajuda, não faz nada diferente", mas o que você tem feito? "Eu já fiz muitas vezes, mas ele nunca faz." Você já conversou a respeito?

> O desejo é considerado a primeira fase da resposta sexual, pode acontecer antes do contato físico e sexual ou até mesmo durante ele. O desejo sexual pode ser desencadeado por situações de estímulos sexuais, sejam eles internos (pensamentos e fantasias) ou externos (tato, olfato, audição, paladar e visão), que inevitavelmente estão relacionados. Quando esses sentidos são estimulados, a pessoa é incitada a buscar o relacionamento sexual.
>
> Lu Muniz

Então, não deixar a relação cair na rotina é não perder a essência. De vez em quando, comprar uma *lingerie*, testar alguma coisa nova e diferente ajuda muito.[11] Maridos, vocês também podem e devem surpreender suas parceiras. Este livro não é só para as mulheres não! Você sabe que sua esposa gosta disso. Então, leve-a para jantar em algum lugar que ela gosta, passe numa loja e leve para ela a camiseta que ela disse ter gostado. Se a vir de vestido, compre um e dê. Se ela não gostar, ela irá trocar, mas vai ficar na sua lembrança que você se lembrou e se importou com ela.

[11] PENNER, Clifford; PENNER, Joyce. **Comece hoje a esquentar a relação.** Rio de Janeiro: Thomas Nelson Brasil, 2012. p. 45.

> É tempo de adquirir roupas novas para dormir. Portanto... programem sair juntos para comprar roupas de dormir que sejam sexualmente sugestivas. Ou nem é preciso que sejam especificamente de dormir. Talvez escolham roupas íntimas provocantes que gostam de usar quando fazem amor. As cuecas de seda são maravilhosas para os homens. Já as mulheres têm a tendência de gostar de qualquer coisa, desde um suave *baby-doll* até uma camiseta que revele seu corpo. E essas peças são fantásticas se seu esposo reage favoravelmente a você com trajes assim. Não escolham nada que venha ser negativo para nenhum dos dois.
>
> Clifford e Joyce Penner

Nutrir o relacionamento e não deixar cair na rotina é isso. O recado está dado. Não deixe cair na rotina, inove, volte, lembre-se do que vocês faziam quando eram namorados, quando eram recém-casados. Lembrem-se dos locais que vocês frequentavam, dos beijos em público que davam. Segurem na mão enquanto o jantar não é servido. Peguem na mão enquanto caminham pela calçada, abram a porta do carro e tantas outras inúmeras coisas que vocês podem fazer pelo bem do relacionamento de vocês.

Mulheres, não esperem que eles as procurem, procurem-nos vocês também.[12] Se ele não a convidar para

---

[12] GONÇALVES, Josué. **104 erros que um casal não pode cometer.** Bragança Paulista: Mensagem para Todos, 2014. p. 247.

jantar, convide-o você. Existem muitas coisas que podemos fazer para sair da nossa zona de conforto. Não sair na rotina é isso, ficar esperando na nossa zona de conforto, esperando pela ação do próximo. Vá e faça você!

> Tanto o homem quanto a mulher estão livres para tomar a iniciativa para o ato sexual quando sentirem desejo. Quando a sexualidade não é uma experiência vivida com liberdade, a qualidade do ato conjugal tem a tendência de ser baixa.
>
> Josué Gonçalves

Eu quero deixar algumas dicas sobre intimidade nos relacionamentos. Sabemos que nós podemos nos relacionar durante anos com uma pessoa e parecer que não há intimidade; ou pior, parecer que perdemos a intimidade.

Para contornar isso, programe todos os dias dez minutos da sua noite ou do seu dia para vocês conversarem sobre algo aleatório, sem ser os seus problemas. Dê preferência a algo relacionado a vocês, como o próprio relacionamento. De noite essas conversas são melhores, pois esses dez minutos podem levar ao sexo, ou vocês podem conversar depois do sexo, e falar sobre como foi a relação, o que pode contribuir para a melhora do ato. Enfim, essas dicas são boas se colocadas em prática.

Tenham algum contato íntimo todos os dias, nem que seja um abraço ou um beijo. O ideal é que a gente beije na boca, pois os casais estão perdendo ou diminuindo a frequência com que se beijam e isso tem sido um grande problema para a manutenção dos relacionamentos, porque a gente tem muito mais envolvimento com o beijo do que com a penetração sexual. Assim, não podemos perder o hábito de beijar na hora que saímos para trabalhar, o beijo na hora que chegamos da rua, o abraço a qualquer momento, pois tudo isso é gostoso, nem que seja uma aparentemente simples carícia.

Quero deixar outra dica para os homens: por favor, não faça isso somente no dia que vai ter sexo ou que você quiser sexo. Faça isso todos os dias, sem a pretensão do ato sexual. Na verdade, a gente planta antes e colhe depois. Fica a dica!

Escolha uma noite por semana para vocês saírem juntos. Durante a pandemia, devido à Covid-19, não podíamos sair. Durante aquela fase, muitos casais descobriram outras formas de ter um tempo a dois, fosse assistindo a um filme juntos, jantando apenas os dois ou por outros meios. "Ah, Gabi, é que nós temos três filhos e não temos com quem deixá-los." Ora, coloque-os para dormir mais cedo e tenha esse tempo de qualidade, vocês dois. É muito importante pelo menos uma vez por semana vocês ficarem sozinhos.

Escreva recados e deixe-os em lugares estratégicos para surpreender a outra pessoa. Isso também é bem gostoso. Escreva recados como: "Você é importante para mim"; "Eu te amo"; "Você torna meus dias mais felizes". Coloque *post-its* no banheiro, na mesa de cabeceira, do lado de dentro da porta do guarda-roupas dela.

Quando era mais novinha, adolescente, a gente assistia a muitos filmes em que escreviam com o batom no espelho do banheiro ou no vidro da janela. Depois isso dá um trabalho para limpar, mas não deixa de ser interessante.

Enfim, vamos tentar fazer essa troca, não só pelo WhatsApp, pois no aplicativo isso acaba ficando meio mecânico, pois nós o usamos para compromissos e recados como "Falta leite", "Precisa comprar fralda", "Faltou isso e aquilo".

Tente voltar e resgatar o costume dos recadinhos. É tão gostoso abrir a agenda e encontrar um bilhetinho com um recado, ou o seu marido levar alguma coisa para o trabalho ou na mochila e descobrir que você deixou alguma coisa dentro dela. Ele pode levar um lanchinho surpresa, a esposa pode chegar ao escritório e descobrir que ele deixou um bombom com um "Lembrei de você". Isso faz toda a diferença para manter acesa a chama do desejo, da intimidade do casal.

Escutem um ao outro, é muito importante. Vivemos uma era em que as pessoas estão egocêntricas e isso entrou nos relacionamentos. As pessoas não se ouvem mais, não têm mais interesse em saber o que está acontecendo com o outro. Eu sei que boa parte das mulheres fala muito, eu também falo, e isso é incômodo para os homens em alguns casos. Mas é importante que o homem a ouça, como é importante que você, mulher, fale e o ouça.

Alguém poderá dizer: "Mas o meu marido não fala nada". Então faça perguntas do tipo "Como foi o seu dia?", "Como você está se sentindo?", "O que a gente pode fazer para melhorar o nosso relacionamento?".

Enfim, escute e procure atraí-lo para um diálogo sobre algo que também interessa a ele. E se for crítica que tiver que fazer, se for problema que tiver que ser tratado, se for alguma coisa que você não gosta e deseja mudar, pense antes de falar e escolha as palavras, o horário e o modo como falará, para não tornar este momento que é para ser de intimidade em algo pior do que já está. Faça dessa experiência uma coisa boa.

E, por último, se envolvam em atividades que vocês faziam antes de terem filhos ou antes de se casarem ou, então, em coisas que vocês faziam quando começaram a namorar. Vamos tentar ocupar todos os nichos possíveis.

Há coisas que eram tão gostosas de fazerem juntos, como cozinhar, praticar alguma atividade física, e as coisas vão se perdendo durante a caminhada a dois. Não negocie com o seu relacionamento. Pense, priorize e se esforce. Com certeza a intimidade a ser desenvolvida será plantada hoje para depois ser colhida, já que nada vem do dia para a noite. As coisas precisam acontecer naturalmente e podem levar tempo, mas não desista. Os relacionamentos são bons e valem a pena, tenha certeza disso.

EXERCÍCIO

— Avaliando o que você leu até aqui, acredita que seu casamento caiu na rotina? Por quê?

_____

_____

_____

_____

— O que você pode fazer para mudar essa rotina? Pense e escreva as atitudes que você pode tomar para melhorar, mas também atitudes que o outro pode tomar.

_____

_____

_____

_____

CAPÍTULO 3

No piloto automático

Você já ouviu falar do piloto automático na relação a dois? Vamos falar sobre esse assunto, pois ele é interessante e necessário de ser discutido.

Para quem já dirigiu ou tem um carro automático, sabe que é confortável dirigi-lo. O motorista simplesmente liga o carro, passa a primeira marcha e sai. O carro faz o restante da troca das marchas e a dirigibilidade se torna menos cansativa. Mas, em nossa vida, a gente precisa empreender certo esforço continuamente, o que se dá pelo autoconhecimento que vem pela autorreflexão. Será que realmente vale a pena virar somente a chave da relação e deixar o resto acontecer por conta própria? Como diz a música popular, "deixar a vida me levar"? Será que vale a pena viver dessa forma? Ou seria mais interessante ter o controle das emoções, o controle das atitudes?

Quero convidar você a refletir a esse respeito. Há relacionamentos que caem na rotina e se tornam realmente ruins, pois as pessoas acabam se acostumando a viver de modo automático. Quando a gente namora, é normal querermos impressionar a outra pessoa a todo momento. Nós queremos surpreender e, quando nos casamos, isso dura somente alguns meses, no máximo uns poucos anos.

No entanto, na maioria dos casos, com o passar do tempo, em geral a partir dos cinco anos de casados ou menos (de acordo com o que observo nos atendimentos que faço), 90% dos casais acabam caindo nessa tal rotina, nesse tal piloto automático. Eles simplesmente ligam o modo automático e seguem o curso da vida, sem emoção, sem intervirem, sem reagirem a isso.

Para a mulher, é muito mais fácil inventar uma dor de cabeça para não ter que conversar sobre a relação em crise ou para evitar fazer sexo; é muito mais prático aceitar que eu não quero comentar um ocorrido, para não ter que discutir, ou o oposto, discutir por tudo o que acontece e achar que isso é normal.

Quando vem a maternidade, é muito fácil ficar imaginando que a outra mãe é muito melhor, que a outra mãe dorme a noite inteira enquanto nós ficamos acordadas, que a outra mãe não tem problemas... quem coloca o seu relacionamento no piloto automático a todo momento fica se comparando, imaginando que não é uma boa mãe, que não é uma boa mulher e, por estar no piloto automático, não tenta fazer nada para mudar essa percepção errada e tóxica.

Da mesma forma acontece com os homens. Em um dia agitado, propôs à esposa uma "rapidinha" e se acostumar a isso, deixando de lado as preliminares com frequência.

Ao se tornar pai, ouve os amigos se gabando do relacionamento íntimo ter voltado "ao normal" em poucos dias, ou que as esposas saíram da maternidade com o corpo antes de engravidar; ou pior, que cuidados com os filhos são responsabilidade só da mãe. Que tóxico!

Por isso, quero convidar você a refletir, a trabalhar com o autoconhecimento — o que não tem nada a ver com autoajuda, coisa que muitos de nós não acreditamos nos seus resultados duradouros. Trabalhar com autoconhecimento é parar, pegar uma folha de papel e uma caneta e anotar quais são os seus defeitos, quais são os seus problemas e pensar de que forma você pode melhorar e resolvê-los. Isso dá trabalho, porque exige que você se confronte, confronte suas práticas, seus hábitos e suas birras.

No âmbito da sexualidade, quem estiver precisando de ajuda pode contar comigo, assim como na maternidade. Como especialista, eu posso ajudar você a colocar esses pingos nos is, o que é melhor do que colocar as coisas erradas e que incomodam dentro de uma caixinha e fechá-las. Elas ficarão lá, mas não desaparecerão. Mais cedo ou mais tarde, se por algum motivo a caixinha for aberta, elas retornarão a atormentar você.

A questão do piloto automático só tende a nos prejudicar porque a gente se acostuma a levar a vida desse modo. É muito mais fácil a gente continuar do jeito que está. É muito mais fácil levar a minha vida dessa forma do que reconhecer que preciso mudar. Quando reconhecemos a necessidade de mudanças, isso nos tira da zona de conforto, e faz que procuremos um modo de nos readaptar. Reconhecer a necessidade de mudanças nos leva a ter que nos movimentar e a deixar para trás algumas coisas que impedem as mudanças inadiáveis, e nos desperta a fazer outras coisas e a lutar por aquilo que queremos.

É como a lei do retorno, como a lei da semeadura (plantar e colher). Tem como colhermos chuchu se nós plantarmos abóbora? Não! Quando estamos em um relacionamento de amizade sanguessuga, só uma pessoa liga para a outra, só uma pessoa convida a outra para sair, só uma pessoa vai atrás... isso dá certo? Claro que não! Chega uma hora que a pessoa se cansa. No relacionamento conjugal acontece a mesma coisa. Esse negócio de que só o marido tem que procurar por sexo, esse negócio de que só a mulher tem que lavar roupa e fazer as coisas da casa é coisa do passado.

Por isso, eu convido você a refletir sobre como tem vivido a sua vida, e estimulo você a desligar o piloto automático, a tomar as rédeas da sua vida e a lutar por você, pelo seu relacionamento, pela pessoa com quem você está e, por que não, pelas suas amizades, pela maternidade? Esforce-se para que essas relações pessoais aconteçam de uma forma mais leve, tranquila e prazerosa.

O QUE FAZER PARA O RELACIONAMENTO NÃO CAIR NA ROTINA?

Você entende qual é a sua responsabilidade no relacionamento? É normal o ser humano sempre se voltar para o outro quando precisa responsabilizar ou culpar alguém pelas coisas que não dão certo. O que eu escuto nas consultas é: "Gabi, eu cansei de fazer novidades na cama, como comprar pétalas, champanhe... eu cansei de só eu comprar *lingerie*, eu cansei". Eu entendo o que acontece (ou o que aconteceu) nesses casos.

Por que os começos dos relacionamentos são tão interessantes, tão surpreendentes? Porque a gente está constantemente querendo surpreender, querendo fazer alguma coisa diferente. Mas, com o passar do tempo, o casal vai perdendo essa vontade, esse desejo. Depois de casados, quando chega a maternidade — vamos combinar! — parece que todo esse encanto, essa vontade de agradar e surpreender entra em um balão de gás e vai embora de uma vez por todas.

Mas você deve tomar coragem para reagir, sabendo quanto é importante o diálogo, quanto é importante conversar sobre aquilo que sentimos.

Não permita que o "padrão de redes sociais" tenha a ousadia de tentar dizer quem você é. Você tem uma beleza própria, pessoal e ímpar, mais do que pensa. Você é mais atraente do que imagina, e, se o seu cônjuge está com você, é porque o desejo dele é para você e é você que ele quer. Então, pare com a bobeira de pensar coisas como: "Ah, eu não vou me preparar, porque o meu corpo não está legal", e coisas desse tipo.

E esse ponto merece um parêntese. Acha mesmo que o seu corpo não está legal? Então, o que você tem feito para modificar a situação? Não adianta ficar dizendo "Ai... *que saco*... eu não consigo emagrecer, eu não consigo ser diferente". Vamos sacudir a poeira e começar a encontrar motivação dentro de nós mesmos, ou nos inspirar em algumas pessoas que nos sirvam de motivadoras. Vamos sacudir a poeira e começar a modificar a situação, começar a transformar as coisas ao nosso redor. E não vamos fazer isso pelo outro, não vamos fazer isso em nome do padrão de beleza social, mas por nós mesmos, pela nossa autoestima, pelo amor-próprio. Não está contente? Ok, então vamos mudar isso. Está contente, mas tem vergonha, porque pensa não estar dentro do padrão? Esqueça o padrão. O padrão é você! O padrão é o seu relacionamento.[13]

• •

Quando se trata de sexo, quanto mais confortável você estiver com o seu corpo, melhor. Além disso, quanto mais você se movimenta e faz o sangue circular, maior será a sua capacidade de excitação. O sexo após os exercícios aumenta o desejo, a resposta sexual e o orgasmo. Exercícios físicos regulares podem ser uma ótima maneira de combater os efeitos colaterais dos

---

[13] HOLLAND, Julie. **Mulheres em ebulição.** Rio de Janeiro: Sextante, 2015. p. 176.

antidepressivos na vida sexual. Portanto, é bom para o seu coração, para a sua cabeça e para a sua vida sexual. Precisa mais alguma coisa para se convencer a entrar na academia? O exercício desenvolve o cérebro, enquanto a obesidade causa inflamações que interferem no sistema cognitivo. Ou seja, ao exercitar-se, você se torna mais saudável, mais feliz, mais realizada sexualmente e mais esperta.

Julie Holland

• •

Para não cair na rotina, mude a sua roupa, coloque algo para seduzir, mande uma foto para o marido, atice-o, faça com que ele diga coisas que você gosta. Não estou dizendo que é preciso enviar nudes, mas seduzir.

Não podemos perder aquelas coisas boas do início da relação. Como era no início? No início, um mandava mensagem para o outro. Tinha aqueles beijos gostosos na hora que chegavam da rua, aqueles beijos gostosos na hora que saíam de casa, aqueles abraços demorados, vocês assistiam a filmes embaixo da coberta e passavam as mãos um no outro... "Ai, Gabi, mas agora a gente tem filhos, agora as coisas mudaram." Não mudaram! Aquele casal continua aí, continua com coração batendo e com sangue correndo nas veias. O amor de vocês segue circulando. Não percam a essência de vocês, não deixem que isso aconteça.

Se você está lendo este livro e não está passando por isso, continue com a leitura, para que não tenha que passar por situações que outros casais vivenciam. É muito melhor aprender com os erros dos outros do que ter que viver o erro para aprender. Por isso, reforço a importância do conhecimento e da vontade de aprender para não errar lá na frente.

Por exemplo, eu me entristeço quando alguém diz que um filho veio e acabou com a vida sexual do casal. Acaba nada! Essas são as nossas escolhas, é o que a gente decide, de modo que está em seu poder retomar as coisas como elas eram antes. Se você não tem filhos ainda, não pense dessa forma.

A partir de hoje, tente ser diferente, tente pensar diferente. "Gabi, mas *tu transa* todos os dias?" Não, gente! Eu não transo, eu não tenho vontade de transar todos os dias, mas eu disfarço, porque eu amo meu marido e, se eu ficar esperando o desejo vir, na situação atual que eu me encontro, com os filhos pequenos e sem dormir o suficiente, nada irá acontecer por combustão espontânea, por conta própria.

Nós somos imediatistas e queremos as coisas para ontem. Nós vemos determinadas situações e imaginamos que elas devem ser vivenciadas por nós. Precisamos despertar e viver a nossa realidade, instigar no nosso marido e o desejo dele (e nosso!), a vontade de ficarmos juntos dentro da nossa situação particular.

Você, homem, estimule e elogie, diga o que a sua mulher tem de bom a ser exaltado, porque as mulheres, especialmente após a maternidade, não conseguem enxergar determinadas coisas como positivas. Elas demoram para se reencontrar e tentam reencontrar aquele corpo que tinham antes da gestação. Ainda que consigam voltar ao mesmo peso, usar as mesmas calças, o corpo será diferente. Durante a gravidez tinha um ser dentro do nosso corpo e houve em nós uma transformação tão mágica que não podemos usar isso contra nós

— afinal de contas, nós fomos canais para a geração de uma vida! Temos que usar a nosso favor.

Quer modificar o seu relacionamento? Dê *você* o primeiro passo! Pare de pensar que o outro deve tomar a iniciativa. Dê você o primeiro passo e, a partir dele, use as diferentes dicas que eu dei e converse, sentem-se, joguem as cartas na mesa.

Há mulheres relatam a situação em que vivem e me perguntam: "Você acha que nosso relacionamento está bom?". Seja madura com esse tipo de pergunta, pois cada um de vocês deve ter maturidade para avaliar o que é "o relacionamento bom" dentro da realidade de vocês.

Outra pergunta recorrente é:"Você acha que nossa vida sexual está boa? Não? O que a gente pode fazer para melhorar?" Mulher, comece criando expectativas, fazendo joguinhos de sedução. Ele chegou em casa? Coloque uma camisa dele. "Mas os filhos estão perto" Coloque a camisa mesmo assim. Geralmente a camisa dos homens é comprida e as crianças não sabem o que tem por baixo.

Homens, vão até elas! Ela está tomando banho? Lave a louça, faça uma surpresa, o que não significa dar um presente caro, nem precisa ser flor; nada disso. O relacionamento é feito de pequenas coisas, pequenas atitudes e pequenos gestos.

Quero chamá-los a refletir: o relacionamento de vocês, o casamento de vocês, como está? Uma partida de tênis ou de frescobol? "Nossa Gabi! Mas o que uma coisa tem a ver uma coisa com a outra?" Tudo! Nós, sem percebermos, transformamos o relacionamento numa grande competição.

Essa pergunta sobre a partida de tênis é interessante, porque o objetivo do tênis sempre será derrotar o outro, sempre será jogar a bola naquele cantinho da quadra que o outro não consiga alcançar. A grande sacada do tênis acontece quando um consegue colocar a bola onde é inalcançável para o outro e ganha sozinho. No relacionamento a dois isso jamais poderá acontecer! Ambos devem conquistar a vitória juntos.

O que nos interessa é o frescobol. Para jogar frescobol também são necessárias duas raquetes, uma bolinha e duas pessoas, tal qual o tênis. Tudo é muito parecido, mas, no frescobol, a grande sacada do jogo é não deixar a bolinha cair ou colocar num ponto da quadra que o outro não consiga alcançar. A grande jogada é não perder, e os dois ganham juntos!

Eu achei fantástica essa comparação, porque a gente precisa trazer isso para a realidade do casamento, e entender que nós temos muitos objetivos em comum e precisamos persegui-los juntos.

Lembro-me quando Ricardo e eu contamos um pouco da nossa história num curso para noivos, falando sobre sexualidade. Foi tão legal! A gente conseguiu relembrar algumas coisas que estavam guardadinhas, escondidinhas, e por isso fugiram da nossa lembrança. Eu tenho uma percepção a respeito dele e achei lindo ouvi-lo dizer: "Quando a Gabi voa, quando alcança novos objetivos, quando ela está feliz, eu fico feliz". Para mim, isso é o que resume um relacionamento saudável e maduro, que é como deve ser um casamento.

O casamento é como uma partida de frescobol. É o "Vamos lá!" quando um quer desistir e o outro vem e levanta a moral do cônjuge: "Não deixa essa bola cair, não deixe essa peteca cair". Infelizmente, alguns casamentos estão como uma partida de tênis, onde um quer derrotar o outro.

Quando a gente começa a se relacionar, quando a gente está junto, temos os mesmos objetivos. Eu refleti muito com essa comparação e quero convidar você a refletir sobre como está o seu relacionamento. Precisamos analisar o que precisa ser mudado. A partir do momento em que você reconhece que há alguma coisa que precisa mudar (ou mudar em você), você pode, e todos nós podemos. Mas mudar é sair da zona de conforto, e há pessoas que esperam mudanças sem estarem dispostas a se mexer. Há pessoas que não querem mudar a si mesmas. No entanto, toda mudança, por mais desconfortos que traga, sempre valerá a pena.

Invista no seu relacionamento. Transforme-o se ele está como uma partida de tênis. Transforme-o em uma partida de frescobol. Deus fez a família para ser uma relação pessoal linda, curadora de feridas, ambiente de segurança e acolhimento; a família é um projeto de Deus e eu desejo que Deus abençoe a sua família.

Não se esqueça: objetivos em comum, um querendo fazer o outro voar, um ajudando a realizar os sonhos do outro, porque, quando eu ajudo a realizar o sonho do meu marido, eu estou diretamente realizando um sonho meu, porque nós somos uma só carne, nós temos um só objetivo: crescer. A nossa família já cresceu, já é linda, maravilhosa e, agora, como casal, temos mais objetivos em comum.

COMO SABER SE O SEXO CAIU NA ROTINA?

Vamos lá: papel e caneta na mão, pois eu vou fazer algumas perguntas e quero que vocês respondam com sinceridade. São perguntas para vocês refletirem, não necessariamente dizer que o casamento estará ruim ou que acabou, caso tenham um padrão específico de respostas.

— Vocês conversam sobre sexo normalmente?

_____

_____

_____

_____

— Isso é uma rotina no relacionamento de vocês ou é algo difícil de acontecer?

_____

_____

_____

_____

Aqui posso dar uma dica para casais que não têm o hábito de conversar sobre sexo: após o ato, quando estão todos com os hormônios lá em cima, pergunte: "Como foi para você? Foi bom? Não foi?". Claro, sejamos maduros o suficiente para ouvir a resposta do outro e aceitá-la caso um dos dois ouça: "Não, para mim foi ruim, hoje o seu desempenho foi péssimo".

Independentemente da resposta, sempre há uma possibilidade de melhorar e isso, no ser humano, deve despertar o desejo de fazer diferente, de ser melhor, enfim, esse é o intuito.

— Vocês fazem sexo em outras partes da casa ou só no quarto?

_____

_____

_____

_____

— Não tem outro lugar para fazer sexo? Por quê?

_____

_____

_____

_____

Mudanças despertam o desejo, despertam a criatividade, despertam aquele "quê" de proibido, de sair da zona de conforto em que o quarto se torna. Pior são aqueles que fazem cama compartilhada, em que os filhos estão próximos. Isso acaba se tornando uma rotina perigosa. Para a maioria dos casais, muitas vezes é difícil sair do quarto. Experimentem lugares como a lavanderia, o banheiro e outros lugares da casa e vocês verão que é bem legal.

— Quando pensam na última relação de vocês, sentem um foguinho, uma vontade de fazer de novo? Ou pensam: "Ah... estou morto de cansado"?

_____

_____

_____

_____

Pare e pense nisso.

— Vocês conseguem despertar desejo um no outro em local público? Por exemplo, dar aquele *chutinho* por baixo da mesa no restaurante ou na lanchonete, surpreender com uma piscadinha que quer dizer "Vamos embora"? Conseguem ou não?

_____

_____

_____

_____

— Precisam estar somente vocês dois para conseguirem se concentrar, para conseguirem demonstrar o desejo? Não me refiro a demonstração de afeto, de carinho. Ficar de mãos dadas, dar um beijinho, não é isso. Estou falando sobre o desejo sexual mesmo, de conseguirem enxergar o que os outros não enxergam, de irem além.

_____

_____

_____

_____

Um dia eu falei com um amigo e ele me disse: "Nossa, quando eu e ela estamos numa *vibe* muito louca, eu olho *pra* ela e ela olha *pra* mim e a gente já se vê sem roupa, independentemente de onde nós estamos".

Eu achei aquilo muito bacana, porque realmente o casal precisa disso. Eu não diria que isso deve acontecer constantemente. Costumo dizer que a vida é feita de ciclos e há ciclos em que nós estamos superativos sexualmente falando, e há ciclos em que não estamos na mesma dinâmica. Quando os filhos nascem, há uma queda natural no ritmo, mas depois a gente volta aos poucos para o eixo, para a posição anterior ou bem perto disso. O importante é não perder o fio da meada, é saber onde o começo se situa e não esquecer onde se quer chegar e com quem se quer estar.

Você já parou para se fazer a pergunta sobre onde quer estar daqui a dez anos? Você quer estar com a pessoa com quem está hoje? Você quer envelhecer com ela?

Eu quero envelhecer ao lado do meu marido. Eu sempre digo que quero trabalhar muito agora para quando eu ficar mais velha, com os filhos casados, com suas profissões bem direcionadas e tiverem escolhido e seguido o rumo de sua vida, meu marido e eu podermos viajar, usufruir e aproveitar um pouco o que a vida tem a oferecer. Essa é a minha meta pessoal de vida, juntamente com ele, usufruir o fruto do nosso trabalho e aquilo que conquistamos juntos.

A última pergunta é:

— Conseguem se lembrar da última vez que tiveram uma noite de tirar o fôlego? Escreva para lembrar de como foi maravilhoso.

Se, quando você parou para pensar, sua resposta foi: "Hummm, no mês passado? Na semana passada? No ano passado?". Se faz muito tempo, reflita sobre o que falta para ter uma noite assim novamente.

Temos que falar sobre isso, já que não depende só da decisão da mulher, mas do homem também.

Não é pelo fato de eu ser mulher que isso signifique que minhas leitoras devam fazer exatamente o que eu estou dizendo. Eu trago as questões da consciência para o bem do casal. O casal precisa conversar sobre certas questões, precisa fazer as modificações necessárias e, claro, como mulher e mãe, sei quais são as nossas limitações e dificuldades. Já os homens, sei quanto eles são mais sexuais, quer pelo olhar ou por outros meios que os despertam. Mulheres muitas vezes não se permitem ser assim, seja por falta de educação sexual, ou por outros fatores culturais ou de outra natureza qualquer.

Se eu puder estimular você, eu sempre direi: compre uma *lingerie* linda, diga para ele que vocês terão uma noite romântica, peça para ele comprar uma cueca diferente, peça para ele a levar a um lugar diferente, "jogue a bola" para ele, faça a sua parte, mas peça para ele fazer a parte dele também.

DEZ DICAS DE COMO VOCÊS PODEM AUMENTAR A INTIMIDADE ENTRE O CASAL

Nada melhor do que **apimentar o momento do ato sexual**. Temos vivido um tempo de muita mesmice, de muita coreografia e isso se tornou repetitivo. As pessoas já sabem como começará, como será durante e como terminará.

Vamos nos abrir para o novo, experimentar outros lugares da casa, outras posições, outros ares.

Para sair do lugar-comum, **planejem programas românticos juntos**. Atravessamos uma época complicada durante a pandemia da Covid-19, mas descobrimos a mágica de colocar as crianças para dormir e acender uma velinha, fazer um jantarzinho, assistir a um filmezinho romântico juntos.

Uma dica: **se não gostou de algo, fale**. Tudo o que a gente guarda, o que a gente não exterioriza e não permite que o outro saiba, isso se transformará numa grande bola de neve. Se acontecer assim, de repente virá uma discussão mais feia e um dos dois "vomitará" tudo aquilo que estava guardado e isso não valerá a pena. Há situações em que o outro não tem a menor noção das coisas que estão guardadas dentro do coração do cônjuge. Então, se não gostou, diga: "Não gostei disso", "Não gostei da sua atitude", "Não gostei de você ter tido aquele comportamento no dia da festa", "Não gostei da forma como você falou com aquela pessoa". Portanto, se não gostou, fale, abra a sua boca com jeito e corte o mal pela raiz.

Outra dica que eu devo dar é que vocês **façam terapia**, se necessário. Há casais com problemas no relacionamento que podem ser ajudados por psicólogos, sexólogos, por profissionais de saúde, já que existem questões que são básicas, mas têm o poder de prender a ambos, fazendo-os patinar, não deixando que evoluam. Uma ajuda especializada, de alguém de fora, pode ser determinante nesses casos.

E não **guardem segredos**. Um relacionamento não deve ter segredos. Eu penso que o ideal, não vou dizer que seja obrigatório, é que o companheiro ou a companheira seja o seu melhor amigo, a sua melhor amiga. Essa relação de construção de amizade é muito bonita e a amizade é, na verdade, uma construção. Quando isso acontece no relacionamento, fica ainda mais interessante. Conversem e sejam amigos. O diálogo é muito importante numa relação e não tem como a gente evoluir se a gente não conversar.

Por isso, sugiro que **brinquem juntos**. Façam aquelas coisas aparentemente bobas que faziam durante o namoro. Brinquem, voltem a ser como crianças com coisas inocentes, sem sentido rígido se for necessário, mas não deixem a vida tão séria, tão chata. Façam esforço para isso.

Declarem-se um para o outro. Faz quanto tempo que você não diz "Eu te amo"? Faz quanto tempo que você não deixa o outro saber do que você gosta? Há quanto tempo você não permite que o outro saiba o que você pensa a respeito dele?

Faça uma surpresa, algo inesperado. Quem não gosta de surpresas? Quem não gosta de ser surpreendido? Isso é importante também.

E, por último, **cuide-se e ame a si mesmo**. Quando a gente se ama, a gente transborda amor e, com isso a gente cuida de todos os que estão à nossa volta. O amor-próprio é muito importante, portanto, ame-se primeiro para depois amar o outro.

OITO DICAS PARA VOCÊ SAIR DA ROTINA NO SEU RELACIONAMENTO

Antes de entrar nas dicas em si, responda: para você, o que significa encantamento?

A admiração pelo outro, olhar e ter vontade de estar perto, vontade de conquistar as coisas juntos, ter uma admiração pelo profissional, pela pessoa, pelo homem, pelo marido, pelo pai, por tudo o que ele é. Isso é algo importante de se cultivar, de se ter no nosso coração.

Pense sobre a admiração que você tem, pelo encantamento que sente pela pessoa com quem você está. É preciso existir isso nos relacionamentos, para que ele não caia na rotina.

Então, vamos às dicas!

Primeira dica: de vez em quando, o casal tem que dar uma fugidinha.

> Eu recebi um casal no meu consultório que nunca saiu sem deixar os filhos em casa, porque pensavam, equivocadamente, assim: "Poxa, os filhos já ficam o dia todo na escola, às vezes, à noite a gente tem reunião, então não vamos deixá-los no final de semana ou uma noite e sairmos sozinhos para jantar". Eles tinham quinze anos de casados e ao ouvir isso eu disse: "Vejam, vocês precisam construir a rotina de vocês, porque assim voltarão melhores para os seus filhos". Dito e feito! Passado algum tempo, eles vieram agradecer e disseram que o casamento foi completamente modificado após criarem uma rotina para o casal, elegendo uma vez por semana para ser o dia deles. A cada três meses, eles viajam a sós. Então, a importância de o casal ter um momento a sós realmente faz toda a diferença.

Planeje um final de semana para viajar, de preferência sem os filhos. Eu sei quanto isso é difícil, até mesmo para mim e o meu marido. É possível dar aquela escapada, ainda que por um dia. Passem um dia fora, saiam pela manhã, almocem, tomem um *cafezão* da tarde, deem uma parada em algum lugar, deem um passeio, de preferência sem falar sobre os filhos. Gerenciem o tempo só para vocês dois. Vocês voltarão muito melhores. Façam isso, pois vale a pena.

E, para quem conseguir viajar sem levar os filhos, é melhor ainda!

Segunda dica: experimentem realizar atividades juntos. O que são atividades? Já experimentaram fazer atividade física? Já experimentaram cozinhar? Já experimentaram ir ao cinema? Fazer coisas que às vezes parecem ser óbvias e tolas, mas que o casal tem o hábito de fazer separado. Há coisas que dá para se fazer juntos e são tão legais! Isso gera entrosamento no relacionamento, o que é gostoso e saudável.

Terceira dica: sejam mais criativos na cama. A questão da mesmice no sexo, da rotina sexual entre o casal, é ruim para o relacionamento, especialmente quando acontece o que eu disse há pouco: saberem como o sexo começará, como será durante e como terminará. Quando esse tipo de rotina toma conta da cabeça, tem o poder de nos deixar sem vontade de fazer.

Por isso é preciso ser criativos, explorar a casa, evitando ter as relações somente no quarto, somente na cama. Ainda que seja no próprio quarto, mas no chão, já é um meio de inovar. Inove mesmo, deixe a mente de vocês fluir.

Vale aquela dica que eu dou sempre, para um ficar encarregado de surpreender numa semana, na outra semana outro deverá cuidar de surpreender. Eu recebo cada *feedback* dos casais! Maridos que colocaram pisca-pisca no quarto, plumas e por aí vai... então, deixem a mente de vocês voar.

Quarta dica: comuniquem-se. O diálogo, como todos sabemos, é importante na manutenção dos relacionamentos. A comunicação não acontece só quando falamos, mas depende do que o outro entende daquilo que dizemos. Às vezes, a mulher diz "A", mas o homem entende "B". Às vezes o homem diz "C" e a mulher entende "F".

Por isso, é preciso dialogar, interagir e esclarecer o que realmente está sendo dito, inclusive sobre o sexo. "Não, mas ele sabe que eu gosto." Não, se você não disse, ele não sabe, ainda mais homem, que costuma ser bem desatento. A gente precisa se comunicar.

Quinta dica: aproveitem as coisas simples da vida. Às vezes aproveitar coisas simples pode acontecer em algum lugar inesperado, sem nenhuma pretensão. Vocês podem estar sentados, curtindo uma paisagem. Coisas simples mesmo! Às vezes estão em casa tomando um café, sem nada demais por perto, com muita serenidade, sem o menor *glamour*, mas que estejam sempre juntinhos.

Aproveite todos os momentos juntos, por mais que sejam momentos em lugares simples. Quando estiverem num lugar elegante, maravilhoso, aproveite também. Mas, se não for esse o caso, apreciem a simplicidade, a tranquilidade, aproveitem estar juntos, o que é muito gostoso.

Sexta dica: passem um tempo separados. Para algumas pessoas essa dica pode parecer estranha. Mas não estranhe; a gente precisa ter o nosso tempo com os amigos, e algum tempo em solitude para refletir, para respirar. Para as mães, a maternidade consome muito: a casa, o trabalho, a rotina materna. Por isso, tire um tempo para você.

Para quem puder, saia com os amigos ou com as amigas. "Ah, mas Gabi, ele não gosta de ficar com os filhos." Nada que o diálogo não resolva. Um dia eu saio com minhas amigas e ele fica em casa com os filhos; no outro dia ele sai com os amigos dele e eu fico em casa cuidando das crianças.

Talvez vocês possam pedir ajuda para a rede de apoio. Se tem uma avó que pode ficar com os filhos de vocês, os dois saem no mesmo dia. "Ah, mas aí eu vou queimar um dia da rede de apoio para sair com amigos e não com ele?" Tudo é questão de diálogo, tudo é questão de equilíbrio e ajuste. Veja o que é importante no momento.

Se faz muito tempo que vocês não saem juntos, priorizem vocês e depois os amigos. Tudo é uma questão de sentar-se, pegar papel e caneta e anotar:

"O que é importante agora?", "O que a gente precisa priorizar?". Isso não é DR (Discutir a Relação), pois quem discute não chega a lugar algum. Isso é conversar. Reflita.

_____

_____

_____

_____

Sétima dica: faça surpresas. Passe no trabalho dele, "do nada", sem avisar, e convide: "E aí, vamos almoçar juntos?" — se você entender que isso vai agradar, claro. Coloque um bilhetinho no meio das coisas dele. Maridos, se sabem que elas gostam de uma torta de morango, passem em algum lugar e comprem uma torta para ela. Se ela está fazendo dieta, compre algo que possa ajudar nesta meta, enfim, há tantas coisas que podem surpreender o outro e as surpresas são tão gostosas quando acontecem!

Às vezes, na cabeça do homem é só flor que importa. A mulher saiu de casa deixou as camas desarrumadas, um monte de louça na pia... então, a dica é: lave tudo! Arrume toda a casa e, quando ela chegar, terá uma *baita* surpresa. Não deixe de surpreender de alguma forma.

E a última dica: se puder, faça um jantar romântico. Por que somente eles devem levar a gente para um jantar romântico? Por que a gente não pode fazer isso por eles? Pois isso é igual à iniciativa para o sexo.

Essa é uma questão cultural, está enraizada em nossa maneira de pensar que ele deve procurar a mulher, que ele isso, que ele aquilo. Que nada! Você é mulher dele, não é? Você não gosta de ser procurada, de ser desejada? Por que, então, não pode procurá-lo também?

É tão gostoso receber um convite, do tipo "E aí, vamos jantar fora hoje?". E por que você não pode convidá-lo também? Durante o jantar, demonstre o que sente, não fale de problemas. "Ah Gabi, a gente não tem dinheiro para sair." Faça o jantar em sua casa. Faça um jantar gostoso e aproveitem!

Homens, tem vários tutoriais disponíveis no Youtube. Assistam, façam uma macarronada, nem que seja simples, e surpreendam! Podem recorrer a comida pronta, pois existem vários lugares que vendem comida deliciosa. Mas façam alguma coisa!

Para sair da rotina, é preciso sair da zona de conforto e parar de culpar o outro pela situação em que se encontram. "Nosso relacionamento está assim, porque ela não faz nada." Não é isso! Se está assim, é porque *ambos* permitiram chegar a esse ponto. Assuma seus erros e nada como um recomeço para melhorar as coisas.

CINCO DICAS PARA ESQUENTAR A RELAÇÃO A DOIS

Todos precisamos aquecer a nossa relação. Mas nem todos têm ideia de como fazer isso. Portanto, quero dar dicas simples, mas que funcionam. Vamos a elas!

Primeira dica: tenham uma comunicação assertiva. Mulheres, precisamos combinar que a gente vai do Oiapoque ao Chuí quando queremos dizer uma coisa, não é? Damos uma volta imensa para falar coisas simples; nisso os homens são mais objetivos.

Por exemplo, você quer ir ao cinema, e então pega o celular e digita: "Amor, você viu que a fulana e o fulano foram ao cinema?". Ele vai responder: "Uhum". Ele não entendeu que você quer que ele a convide para o cinema. Ou, então, "Amor, você viu que o *shopping* lançou tal filme?". Ele responderá: "Uhum". Ele não entendeu o que você quis dizer.

Por isso, precisamos ter uma comunicação mais clara e objetiva, porque comunicação não diz respeito somente ao que emitimos, mas a como somos compreendidos pela outra parte.

Eu percebo que as mulheres parecem que têm medo de cair a boca se pedirem alguma coisa com clareza. Precisam aprender a pedir, aprender a ser mais claras, mais objetivas naquilo que tem vontade. Como isso é do nosso interesse, vale a pena a gente transformar isso dentro de nós.

Segunda dica: não durmam brigados. Essa é uma dica valiosíssima. Já ouviram aquele ditado que diz: "Mente vazia é oficina do ..."? Isso mesmo. Temos que entender que, se aconteceu um problema, pare com esse negócio de insistir em... "Ah, não vou nem conversar para não discutir", "Não vou nem tocar nesse assunto, senão vai virar uma bola de neve". Sempre ouvi em cursos de noivos aquele importante versículo bíblico: "Não se ponha o sol sobre a vossa ira", ou seja, não deixe para resolver seus problemas no dia seguinte, pode ser tarde demais.

Tem que tocar, tem que falar, tem que conversar, porque só assim a gente acertará as coisas. Não tem como ser de outro jeito. Sobreponha à sua dificuldade a seguinte fala: "Ó, escuta aqui: não vai *rolar* sexo, não *tô* afim, mas também não é assim, eu quero acertar as coisas, não quero dormir brigado". Ou, se não teve jeito de resolver, pelo menos durma na mesma cama; não vá para outra cama ou para o sofá, não dê essa abertura para um rompimento maior, porque não valerá a pena. Consertar isso depois exigirá muito mais energia e desgaste.

Terceira dica: faça pequenas surpresas. O que faz a gente resgatar aquela coisa boa do início do relacionamento? Quando a gente não se perde de vista, quando a gente sabe que o cônjuge *ama* bolo de amendoim, sobremesas que envolvam amendoim, por exemplo. Então, eu estou em uma padaria e vejo que tem um bolo de amendoim ali, posso comprar uma fatia e surpreendê-lo, levar para ele, mandar entregar no trabalho dele.

Passou em um lugar, sabe que a sua mulher quer algo que tem ali onde você está? Ela falou que estava a fim de uma bota preta daquela que você está vendo na vitrine? Custa levar a bota para ela? Não custa muito de vez em quando fazer uma surpresa. Mas, se a bota custa caro, então deixe para uma ocasião especial, mas procure surpreender de alguma forma.

Dá para aparecer no lugar que a pessoa não espera, quando ela está almoçando sozinha e você quebra sua agenda ou rotina para estar com ela. Faça uma surpresa. Isso traz frescor para o relacionamento, por ser algo muito especial.

Quarta dica: conheça o seu corpo. Como podemos cobrar o prazer de outra pessoa, como queremos que ela faça alguma coisa por nós se nós mesmos não sabemos onde estão os nossos pontos-chave? Já mencionei o desconhecimento do clitóris, como algumas mulheres têm. Não tem como exigir do outro aquilo que nem mesmo nós sabemos.

Precisamos saber, nos conhecer e, quando eu digo que é preciso autoconhecimento, isso não tem a ver com masturbação, mas com colocar um espelhinho e descobrir: Opa! Aqui fica o clítoris, aqui fica a uretra (que é por onde sai o xixi), aqui fica a vagina.

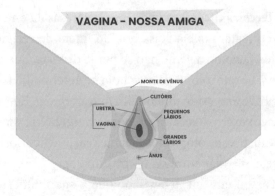

Na hora do sexo, se eu conheço o meu corpo, se eu trabalho o autoconhecimento, as coisas acontecem de maneira mais plena: "Mais para cá, mais para lá. Não, aqui não". A gente vai conversando e encontrando caminhos e meios de melhorar o prazer de ambos. Quem conversa se entende.

Nesta dica, eu vou me estender um pouco mais. Precisamos falar também da anatomia do homem. Para o homem, a visualização da genitália é muito mais fácil, pois o órgão é externo. Então, quero chamar a atenção de vocês, para o que não fica exposto, para a parte interna. Veja a imagem a seguir.

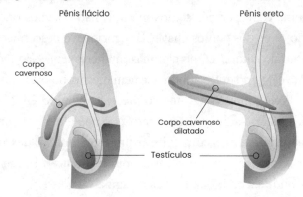

Quero chamar atenção para a próstata. Veja na imagem o quanto ela e a bexiga estão próximas. Dessa forma, podemos entender que, quando o homem começa urinar muitas vezes de gotinhas, é o corpo dando um sinal de que algo errado está acontecendo! Veja como é importante você se conhecer, homem! O seu corpo é como um carro, é possível andar para sempre sem fazer uma revisão? Não, né! Então, cada vez que seu corpo apresentar algo diferente ou desconhecido, faça uma gentileza com você mesmo e procure ajuda médica.

Outra coisa muito importante que eu gostaria que você homem observasse. Hoje, infelizmente, conheço muitas mulheres que após alguns partos normais precisam ir para o centro cirúrgico passar por um procedimento de esterilização com anestesia, internação, porque o marido não aceita fazer vasectomia. Esses homens dizem ter medo de "brochar" após o procedimento. Volte para a imagem que vou explicar uma coisa mais!

Observe o saco escrotal. Aqueles são os testículos. A cirurgia de vasectomia nada mais é do que a interrupção da circulação dos espermatozoides produzidos pelos testículos e conduzidos para os canais que desembocam na uretra, impedindo a gravidez. É importante ressaltar que o procedimento é tão simples, que o homem chega, passa por uma consulta cirúrgica e sai em quarenta minutos, andando. Pode até olhar o que está acontecendo ali em baixo enquanto o médico trabalha.

Agora vamos para a fisiologia. Sabe por que a vasectomia não muda em nada a virilidade masculina? Sabe o que faz que o pênis fique ereto, duro? É a circulação sanguínea no corpo cavernoso. Não tem ligação nenhuma com os espermatozoides! Agora me diz se essa história de "brochar" porque passou por vasectomia não deve ter sido criada por algum homem com muito medo de fazer!

Só para deixar os homens ainda mais seguros e incentivá-los a participarem também dessa parte da vida em família na prevenção de novas gestações, vou contar para vocês que aqui em casa maridão fez e o desempenho ficou melhor ainda!

Quinta dica muito importante: mande mensagens picantes. Não são *nudes*, ok? Porque *nudes* são perigosos, podem cair na rede social e complicar a vida da pessoa. Mas refiro-me a mensagens como: "Estou aqui pensando em você". "Hoje quero você só *pra* mim", "Estou com vontade...".

Sempre na vida nós temos duas opções: ficar reclamando por alguma coisa ou aproveitar o momento, a situação, para fazer algo diferente.

Surpreenda! Sobreponha a sua dificuldade.

Eu sei que há maridos que não fazem a parte deles, que não cooperam com a casa, que não são pais atuantes. Mas quanto vocês têm conversado sobre isso? Quanto esse assunto está em pauta na relação de vocês? Quanto esse relacionamento vale a pena para você? Você ama o seu marido e ama a sua família? O que você tem feito para lutar por ela?

"Ah, Gabi... só eu luto, ele não luta." Então, amiga, está na hora de sentar e conversar. Algo muito importante que precisamos falar é que ninguém salva casamento sozinho.

Essas dicas para esquentar a relação têm que ser realizadas por duas pessoas, já que um relacionamento é feito por ambas. E eu sei que muita gente lerá isso e dirá: "Não, eu não vou fazer isso aí, porque só eu faço, e estou cansado de fazer essas coisas, e o cônjuge não fazer nada".

Fale! Abre a boca e fale: "Eu quero que me surpreenda, eu quero que você *me mande* mensagem". Isso não é humilhação para você, já que ele é o seu companheiro! Você simplesmente irá conversar, irá abrir o seu coração e deixar a sua relação mais gostosa, mais prazerosa. Aquilo que você gostaria de fazer com o outro, diga que você gostaria que fosse feito com você!

Se fizer assim, certamente verá que valerá muito a pena para a manutenção e crescimento do seu relacionamento. Eu tenho certeza disso.

CINCO DICAS PARA APIMENTAR A SUA RELAÇÃO

Depois de aquecer, agora quero dar dicas de como apimentar a relação de vocês, hora de colocar mais lenha nesse fogão.

Primeira dica: beijo na boca. Já disse antes que é importante que os casais voltem a beijar na boca. "Como assim, Gabi, voltar?" Sim, foi isso mesmo que eu escrevi: voltar.

Já mencionei o estudo que diz que casais com mais de cinco anos de união não estão se beijando mais. Eu diria que mais de 70% das pessoas que se consultam comigo, quando eu pergunto sobre o beijo, também dizem que não estão beijando mais.

Então, se você vier se consultar comigo, já sabe que esta será uma das coisas que eu darei como meta: você tem que beijar mais. E o beijo, o selinho, a bitoquinha, você dá na frente dos filhos. Você dá beijo de bom dia, de boa noite, mas, quando tiver uma oportunidade antes de dormir, mesmo que não role sexo, tasque um beijo de língua, pois vocês merecem.

Segunda dica: preste mais atenção no outro. Perguntas do tipo "Como foi seu dia?", "Como você está?" e outras assim demonstram interesse.

Eu tenho a impressão de que as pessoas estão com medo de perguntar umas para as outras sobre como elas estão. Parece que, quando a gente pergunta "como você está?", se a resposta não for boa, a gente pensa que teremos a responsabilidade de ajudar de uma forma ou de outra. Mas isso são preocupações, são teorias minhas e são preocupações que eu acho que as pessoas têm.

Quando falamos de um casal, de um relacionamento, preocupar-se com outro é mais do que a nossa obrigação. Isso certamente apimenta a relação, porque gera o sentimento de admiração, a vontade de estar próximo e de fazer tudo isso junto.

Terceira dica: toquem-se. Tato. Tem casais que não se tocam mais, que não se encostam mais. Há pessoas que acreditam que a cama é lugar de resolverem seus problemas, ou seja, o dia foi o terror, eles nem se olharam e imaginam que o sexo resolverá todas essas questões.

Não! Isso não acontecerá. Você apenas maquiará as coisas pensando assim.

Uma situação dessas pode ser comparada a estar com problemas no rosto. Eu sei que devo me tratar, pois pode ser alguma inflamação, acne ou coisa dessa natureza. Se simplesmente colocar maquiagem sem usar algum tipo de medicamento para tratamento resolverá? Não, mas maquiará a situação, o problema; esconderá.

Mas o *que* e *de quem* queremos esconder quando estamos tratando de um relacionamento?

Então, pare e pense sobre isso. Vocês precisam se tocar mais, vocês precisam fazer carinho um no outro. Eu sei que o homem é muito visual, o homem pode funcionar somente ao olhar para uma mulher, ao ver um decote, uma roupa mais justa. Isso é suficiente para ele ficar todo "emocionado".

Já a mulher funciona mais pelo que se diz a ela, pelo toque que recebe. Existem mulheres que têm medo de pedir carinho para o marido, porque sabem que, se começar o toque, eles começarão com carícias visando o sexo. Mas, repito, nada que um diálogo não resolva. Vamos conversar mais e parar com esse negócio de DR, porque quem discute, não chega a lugar algum.

Novamente, troque o DR por CR. Quem conversa, se entende.

Quarta dica: conhecer o próprio corpo. Mulher, como você quer reclamar e poder dizer que o seu marido não a ajuda, que ele não faz nada para ajudar no sexo para você chegar ao prazer, se nem você mesma sabe onde fica o clitóris? Vamos parar e prestar atenção. Conhecer o próprio corpo é *o básico do básico*, como já apresentei.

Tão importante quanto conhecer o corpo é tomar a iniciativa, como disse anteriormente. Pare com esse negócio de que só o homem deve procurar. "Não, ele que tem que vir, porque, se eu for, vai ficar feio *pra* mim, vai parecer que eu sou oferecida". Não vai, não!

Nós estamos falando de um relacionamento a dois, não estamos falando de alguém que você está conhecendo agora. No relacionamento, o amor lança fora todo o medo, por isso vamos parar de dar essas desculpas. Se você gosta de ser procurada, se você gosta de ser desejada, vamos trabalhar com empatia, muito mais do que ficar emperradas no papel e na teoria. Nós temos que trazer para a nossa realidade aquilo que é verdadeiro em nossos desejos e sentimentos.

E, por último: vamos ajudar um ao outro. Mulher, se você notar que o seu marido está um pouco atrapalhado nas coisas, veja de que forma você pode ajudá-lo, mas essa dica eu confesso que dou pensando nos homens — eu confesso o meu pecado.

Maridos, se vocês querem uma mulher mais disposta para o sexo, participe das tarefas de casa. Façam a sua parte. Mulher, se o marido está cooperando com a casa, esforce-se por ele, por aquilo que ele espera de você.

EXERCÍCIO

Vamos ver se você conhece bem este órgão? Preencha as partes componentes da vagina.

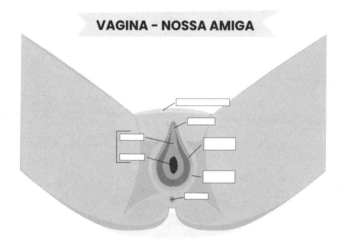

Reflita e liste quais tabus você já enfrentou e/ou vivenciou.

_____
_____
_____
_____

Para você, mulher, já olhou a sua vagina com um espelho para vê-la em detalhes? Se não, por quê? Lembre-se de que é importante para seu autoconhecimento.

_____
_____
_____
_____

CAPÍTULO 4

A rotina é a morte da relação?

Não devemos fazer sexo como uma obrigação. Parece ridículo ter que dizer isso, mas você não tem ideia da quantidade de mulheres que eu atendo e que começam seus relatos dizendo isso. Entenda que ninguém tem que satisfazer as necessidades de outra pessoa, isto é, uma pessoa não deverá viver em função dos prazeres e caprichos de outra pessoa. Entenda que *juntos* satisfazemos as necessidades *um do outro*; afinal, o sexo foi feito para *ambos* sentirem prazer, não somente uma pessoa. A função do sexo não é dar prazer *ao homem*, pois o sexo é uma *troca*. Como disse, o relacionamento deve ser como um jogo de frescobol, no qual o intuito do jogo é não deixar a bola cair, nem derrotar o parceiro de jogo. O relacionamento não é como uma partida de tênis, em que o objetivo é lançar e bola longe do oponente, para fazer que ele erre e você possa ganhar.

Há pessoas envolvidas em relacionamentos que encaram a questão sexual dessa forma: "Sou eu que tenho que chegar ao orgasmo e que 'se exploda' o outro". Não é assim. Temos que pensar no prazer do outro também.

Pensando nisso, vamos focar nas mulheres, porque vem delas a maior parte das reclamações em relação ao modo como pensar, ao modo como falar sobre sexo. As mulheres recebem pouca educação sexual e os homens são muito mais estimulados do que nós, o que facilita a vida sexual deles.

Primeiramente, vamos tomar consciência de que o prazer é uma coisa que deve ser buscada, uma vez que o desejo está associado a uma busca. Se ficarmos esperando a nossa libido "cair no colo" sem a gente fazer absolutamente nada, a situação ficará complicada. Sugiro que as pessoas que têm dúvidas sobre isso leiam mais a respeito e pensem mais no assunto; reflitam.

Entenda que a felicidade no ato conjugal, a felicidade e o prazer no sexo, tem íntima relação com a qualidade de vida do casal. Sexo não é tudo, mas representa um percentual significativo.

Terceiro e último ponto, nós precisamos fazer uma autoanálise sobre como encaramos o sexo. Para auxiliar você nisso, vou fazer algumas perguntas e quero que reflita a respeito.

— Quando você ouve a palavra "sexo", o que vem à sua mente?

_____

_____

_____

_____

— O que acompanha os seus pensamentos ao ouvir "sexo"? É algo bom, prazeroso ou somente doador, sujo, repugnante, detestável?

_____

_____

_____

_____

— Como era a sua atitude antes de se casar ou de se relacionar?

_____

_____

_____

_____

— Você recebeu alguma educação sexual em casa?

— Talvez, ao se casar, você tenha pensado que seu cônjuge saberia tudo o que fosse necessário saber sobre o sexo; contudo, descobriu que ele(a) não sabia. Você ainda tem inibições sexuais?

— Você suporta o sexo como um dever ou você o aguarda como um prazer?

— Você é calorosa(o) e sensível à conduta amorosa de seu cônjuge ou você se refugia no outro lado da cama, esperando que ele(a) nem demonstre interesse?

— Você tem o hábito de colocar o filho entre vocês na cama?

— A experiência da lua de mel desapontou você ou fez sentir-se mal, estabelecendo um padrão infeliz que ainda não foi alterado?

— Você teve alguma experiência sexual desagradável antes do casamento?

Essas são perguntas básicas, mas que podem trazer respostas importantes. Precisamos refletir sobre elas para avaliar corretamente a situação de cada pessoa. A maneira como você foi criado, como foi educado e tantos outros detalhes aparentemente insignificantes, refletem na situação em que você está hoje.

Falando sobre a comunicação do sexo, é complicado para as mulheres falar sobre o sexo. Sendo assim, é importante que o homem entenda que, para a mulher, antes de tudo vêm as coisas que são mais importantes.

— O que ela(ele) pensa sobre o sexo?

_____

_____

_____

_____

_____

— O que ela(ele) pensa de si mesma(o)?

_____

_____

_____

_____

_____

— O que ela(ele) pensa do seu cônjuge?

_____

_____

_____

_____

_____

Essa tríade se relaciona à qualidade do sexo e é a forma como eu enxergo o sexo. Quando a gente vira a chave de que o sexo é uma coisa boa, que a gente pode alcançar benefícios com ele, ele se torna muito melhor.

Acredite que é preciso desmistificar o assunto e lançar luz sobre ele, trazer conhecimento ao seu coração, para que você consiga, a cada dia, compreender melhor que o sexo é uma coisa boa, que ele não veio para ser um fardo. Você não tem obrigação de fazer sexo todos os dias, pois essa parte da relação não tem nada a ver com *quantidade*, tem a ver com *qualidade*.

Desejo que, quando você pratique sexo, seja com prazer e por prazer; que você tenha orgasmo e sinta prazer sempre, pois isso é o mais importante do sexo.

ELE QUER SEXO TODOS OS DIAS, E ELA NÃO QUER. O QUE FAZER?

Estamos diante de um tema muito delicado, mas precisamos falar sobre isso. A questão da quantidade não tem relação com a qualidade da vida sexual do casal. É preciso que os homens entendam isso. Mas, para que eles entendam, as mulheres precisam dar "aquela ajudinha". Precisamos entender que tudo o que é demais, inclusive o sexo, não faz bem.

Cabe à mulher dizer que, quando se sentir excessivamente sufocada, ela pode reagir como se estivesse sendo ameaçada, o que poderá fazê-la ficar acuada. Se chegaram a esse ponto, ambos precisam conversar a respeito.[14]

[14] GONÇALVES, Josué. **104 erros que um casal não pode cometer.** Bragança Paulista: Mensagem para Todos, 2014. p. 255.

> Quase sempre a reclamação sobre excesso de sexo vem da mulher que se sente sufocada pelo marido que, muitas vezes, é um compulsivo na área sexual e não respeita o fato de muitas mulheres levarem uma jornada dupla de trabalho como profissional e com atividades da casa e com os filhos.
>
> Josué Gonçalves

É sabido que devido à testosterona, o hormônio que rege a libido, o homem sempre terá mais desejo, só que isso vem mudando a cada dia, pois já atendo mulheres para as quais esse parâmetro está mudando. Apesar dos avanços da medicina, que tem evoluído significativamente, essa é uma questão que uma simples consulta ao nutrólogo poderá dar bons resultados. Ele poderá avaliar os seus hormônios e redirecionar a sua vida alimentar para outro patamar.

Eu encontrei uma frase interessante que diz: "Não adianta querer tocar no corpo sem tocar na alma". É comum eu receber *feedback* de mulheres que tentaram conversar com o marido e não conseguiram, tentaram falar sobre seus problemas e eles não as ouviram. A vida sexual, bem como o relacionamento conjugal, é baseada em duas pessoas, de modo que ambas precisam fazer a sua parte para que haja equilíbrio e a situação fique melhor.

Se o homem quer que a mulher tenha uma frequência maior na vida sexual, que ela sinta mais desejo, ele deve fazer a parte dele; não há segredo algum nisso. Para as mulheres, o sexo livre e prazeroso está relacionado ao modo como foi o seu dia. Se o dia tiver sido estressante, ou cansativo, para a mulher o sexo será mais uma tarefa cansativa daquele dia.

O homem não vê assim; o homem vê o sexo como um descanso. Entender essa distinção fará toda a diferença. Lembre-se de que a mulher não faz amor "por fazer", mas ela faz amor porque há romantismo envolvido, porque há algo mais em tudo isso. O homem precisa entender que a mulher sente esse movimento geral, que vai além do romantismo, e que contabiliza também o seu dia a dia, o cansaço das tarefas cotidianas. Por isso, uma boa dica é o homem propor: "Vamos unir tudo isso: eu dívido com você as tarefas de casa e vamos ter a nossa noite de prazer".

Há casais que não gostam, mas para muitas pessoas isso tem dado certo: marcar um dia para o sexo.[15] Nesse dia a mulher já sabe que ela terá que "segurar a onda", que tem de estar disposta. O marido saberá que as tarefas de casa serão dele.

• •

Dedicar um tempo, nem que tenha que ser agendado previamente (esqueça a necessidade do espontâneo, na vida real tudo é pensado). Como eu já disse, se você tem tempo para ir à academia e ao salão, você tem tempo para o sexo, que, aliás, tem que ser prioridade, mesmo que você tenha que marcar no calendário.

Tatiana Presser

• •

[15] PRESSER, Tatiana. **Vem transar comigo.** Rio de Janeiro: Rocco, 2016. p. 206.

Deseje um bom dia, beijem-se mais, abracem-se mais, cultivem coisas que soem como pequenas construções de um castelo maior. Nenhuma relação, ninguém ama o outro exageradamente do dia para noite; há uma química em tudo isso, mas também há a construção do amor e de tudo o que é importante usar na construção de um relacionamento maduro.

O homem precisa construir junto com a mulher, e isso é uma troca na verdade. Entenda que essa não é uma questão de satisfazer o desejo, mas uma questão de troca, uma questão de cuidar da satisfação do outro.

Eu recebi um casal no consultório que chegou mal, aparentemente mal. Estava nítido que não estavam bem, e ele olhou para mim, olhou para ela e perguntou: "Quem é que vai falar?". Ela, muito brava, disse: "Eu não vou falar, fala você". Ele olhou para mim e disse: "Olha, eu quero fazer todos os dias, ela quer uma vez por mês". Eu respondi: "O que que eu posso fazer por vocês?", ao que ele disse: "A gente veio aqui para você resolver a situação". Respondi em tom de brincadeira: "*Tá*, sou seu juiz de paz agora, né? Como dois adultos me procuram para resolver uma pendenga dessa?". Os dois, que até esse momento estavam bem sérios, começaram a rir, e ele disse: "Ah, está insustentável, o casamento está acabando por isso". E eu disse: "Olha, o casamento é doação, a gente tem que entender que ninguém pode pensar só em si. Se a gente inverter as coisas, trabalharmos um pouquinho com empatia. Se ela quisesse todos os dias e você não quisesse, como se sentiria? Da mesma forma você, se quisesse uma vez por mês e ele não, como você se sentiria?". Então, eu comecei a trabalhar com a questão da empatia, da doação, do amor, do respeito.

Jamais um casamento poderá ter como base o egocentrismo e o egoísmo. No final das contas, foi muito legal tratá-los, porque os dois chegaram à conclusão de que teriam que negociar sobre a quantidade de vezes em que teriam relacionamento sexual. Ele disse: "Eu vendo carros o dia inteiro e agora você está dizendo que eu vim aqui no teu consultório para negociar quantidade de sexo?". Eu respondi: "Olha, se você quer sair daqui como entrou, tudo bem. Mas, se veio aqui para resolver, então vamos tentar resolver". Ao sair, eles tinham um acordo de que fariam uma vez por semana, com a inclusão do *sex day* na rotina. Ela também se propôs a trabalhar a forma dela de pensar com a intenção de praticar mais vezes por semana. E foi muito legal vê-los retornarem depois dizendo que deu muito certo, porque, quando um abre um pouco a mão e o outro também, o complemento acontece de alguma forma.

Assim, é nítido que o tema deste capítulo sobre ele querer mais sexo também tenho notado no consultório, mas também recebo casos em que a mulher querer e o parceiro não. É normal em alguns momentos acontecer essa discrepância, essa diferença, mas o casal deve conversar. Quem conversa se entende, como eu já disse.

Ninguém precisa perder o respeito próprio para alcançar o prazer na relação. Percebo que há mulheres que me procuram quando já foi perdido o respeito próprio há muito tempo. A mulher está preocupada em satisfazer o outro e se esquece de si. Isso não está certo. A questão da pressão, a questão do silêncio sobre assuntos importantes precisa ser aberta e discutida, conversada.

Quando o marido insiste muito no orgasmo da mulher, temos uma questão polêmica. Alguns dizem: "Ah, todas as relações a mulher têm que ter orgasmo". Como profissional e como mulher eu acho muito importante, mas eu já ouvi de algumas mulheres que elas não tiveram orgasmos, mas o sexo foi ótimo e estava tudo bem. Mas há casos em que há certa pressão muito forte no homem em relação a isso. "Você tem que gozar", "Você tem que ter orgasmo", alguns dizem.

Cheguem a um consenso, conversem. Homens, acreditem que se a mulher estiver dizendo que ela não chegou ao orgasmo, mas que o sexo foi ótimo para ela, pois ela vê o sexo como uma troca de carinho, uma troca de energia e uma relação de conexão, então para ela o ato sexual não se resume somente ao orgasmo.

É evidente que o orgasmo é o clímax do sexo. É por meio dele que a gente faz todas as liberações hormonais das quais eu venho falando e é por meio do orgasmo que a gente fica mais tranquila, mais disposta, mais jovem, a gente sente mais energia para fazer certas coisas, pois isso é sério e é real.[16]

---

[16] PRESSER, Tatiana. **Vem transar comigo.** Rio de Janeiro: Rocco, 2016. p. 196.

• •

O orgasmo feminino é misterioso, até porque não é só ele que proporciona prazer durante a relação. A mulher poderá ter picos de prazer e não saber identificar se esses picos são ou não um orgasmo. Como se não bastasse, o prazer feminino varia muito de transa para transa e até durante o ato em si: a mulher pode se excitar facilmente da mesma forma como pode perder totalmente o tesão. Neurologistas descobriram que durante o orgasmo há uma tremenda descarga de energia elétrica em um lugar remoto do cérebro humano chamado córtex límbico. A análise desse lugar onde o cérebro reconhece o prazer pode identificar o exato momento do orgasmo, que na média dura de 15 a 20 segundos para a mulher e 5 segundos para o homem, ambos podendo variar. Independentemente do tempo do orgasmo, é como se apertássemos o botão "reiniciar" na máquina humana. Não é à toa, os franceses chamam o orgasmo de *la petite mort*, que significa a pequena morte.

Tatiana Presser

• •

Outra coisa interessante é que sempre que o sexo é considerado um assunto proibido entre o casal, a tendência é que o ato sexual se torne um espetáculo no qual o parceiro fique analisando o surgimento da crítica pelo outro. Lembre-se de que o interessante é que ambos ganhem, que os dois sintam prazer.

Precisamos parar para pensar. A gente vive a vida muito acelerada e não paramos para refletir. É comum pensarmos em comunicação e achar que nos comunicamos muito bem, assim como é comum acharmos que o problema sempre está no outro. Mas vamos parar para refletir sobre o que estamos fazendo e, a partir desse momento, pensar a respeito do restante.

Para começarmos a refletir, considere que a comunicação não é o que você diz, não é o sinal que você emite, mas é o que o outro entende. Eu posso dizer para alguém: "Uau, essa saia está curta" e a pessoa entender: "Eita, está me chamando de vulgar?". Notou a diferença?

Para a mulher, a comunicação é mais desafiadora. Há vezes em que o homem diz algo ou deixa de falar algo e isso simplesmente já se constitui em um grande problema para nós, mulheres. No entanto, o fato de que muitas vezes ele diz uma coisa e não é, necessariamente, o que ele quis dizer, mas o que eu entendi, isso dá início aos problemas de comunicação que poderão se tornar problemas de relacionamento.

Às vezes a gente se acomoda quando a questão é a comunicação. "Ai, eu não vou conversar, vou ficar aqui, na minha; nem vou me estressar, porque eu já sei que vai dar briga." Não pense assim. Vamos tentar colocar na nossa cabeça que dialogar, que conversar é algo bom. Há como conversar sem brigas e isso é importante e necessário para entendermos e começarmos a colocar em prática as boas práticas de relacionamento.

Como você percebe a comunicação no seu relacionamento hoje? Está boa ou não está?

_____
_____
_____
_____

Vocês conversam sobre tudo ou há alguma coisa que não dá para conversar com o outro? O que seria essa coisa? Já parou para pensar? "Sobre dinheiro a gente não consegue conversar, pois sempre dá briga." Por quê? Qual é o problema? "Sobre sexo eu não consigo conversar."

_____
_____
_____
_____
_____

Muitas mulheres dizem que ele não gosta de falar sobre isso. Mas qual é a razão? Qual é o problema de falar sobre sexo com o cônjuge? Temos que nos sentar e jogar as cartas sobre a mesa. O nosso relacionamento só irá para a frente, só evoluirá, só crescerá se aprendermos a conversar.

E você, mulher, é uma boa ouvinte? Você, homem, é um bom ouvinte? A maioria das mulheres responde "Sim", mas você sabia que nós temos a necessidade de falar mais de 7 mil palavras por dia e que muitas vezes a gente fala mais do que ouve? Pare e preste mais atenção no que o outro está dizendo (ou tentando dizer).[17] Por

[17] LEMAN, Kevin. **Direto ao ponto.** São Paulo: Mundo Cristão, 2016. p.139.

exemplo, em casos em que eu trato das discussões do casal, durante as consultas eu ouço confessarem: "Gabi, eu sou muito mandona, sou muito brigona, estou sempre discutindo". Bem, a partir de hoje a estratégia será falar menos e ouvir mais.

> Você sabia que, na média, as mulheres usam três vezes e meia mais palavras do que os homens? Adivinhe o que isso significa. Quando nós, maridos, estamos no final de nosso dia de trabalho, já alcançamos o limite de nossa contagem de palavras... e ter um relacionamento com o controle remoto parece algo maravilhosamente bom: ele não faz perguntas, não fica bravo caso não tenhamos realizado uma tarefa ou não respondamos a uma pergunta de determinada maneira.
>
> Kevin Leman

Não é à toa que temos dois ouvidos e uma boca só; isso demonstra que nós temos que falar menos e ouvir mais. Uma razão para termos dois ouvidos é que, em uma discussão, aquilo que não é bom, nós devemos deixar entrar por um ouvido e sair pelo outro. Não deixe que coisas tóxicas entrem no seu coração, porque quando algo nocivo entra no coração, para tirá-lo de lá, para resolver esse problema, será muito mais difícil. Assim, vamos lidar melhor com a comunicação, mas também vamos trabalhar a escuta.

Hoje em dia, muitas pessoas perguntam: "Está tudo bem, né?". Elas não estão perguntando: "Está tudo bem?", mas forçando a outra parte a confirmar que está bem com ela. É difícil ouvir a pergunta aberta da parte das pessoas. Por quê? Porque, se eu digo "Não está tudo bem", o outro não tem tempo para me ouvir, não tem tempo para escutar o que eu tenho a dizer. Há ocasiões em que são problemas, lamentações o que todos nós temos.

A gente vive uma vida tão corrida, tão acelerada, em que as pessoas não têm mais tempo para ouvir umas às outras e isso é um grande problema social. Nos relacionamentos, nós temos que acabar com isso. Todos nós temos que tirar um tempo para o outro. Isso é fato, e ponto.

Vamos refletir sobre outro ponto: você controla a sua língua? Nós, mulheres, precisamos segurar mais a língua. Por quê? Algumas coisas que falamos têm ferido pessoas ao nosso redor. Por isso, temos que refletir a esse respeito. É preciso trabalhar com empatia sempre!

"Será que o que eu estou falando não vai matar outra pessoa?" — é uma pergunta que devemos fazer a nós mesmos. "Matar" aqui está no sentido figurado, referindo-se aos sentimentos, referindo-se à alma.

Por exemplo, dizer coisas como: "Eu me arrependo de ter me casado com você", "Eu não deveria ter feito isso" são altamente adoecedoras. Falas como essas são ditas na hora da raiva, e mesmo assim elas trarão consequências tão graves para a vida, para o coração, para a mente que é preciso considerar a possibilidade de jamais ter de dizê-las.

Num relacionamento, precisamos nos preocupar com a saúde mental do outro. Se aquilo que eu estou falando deixará o outro triste, deixará o outro pensando: "Acho que eu sou uma péssima pessoa para conviver", então é preciso reconsiderar o que vai em minha mente e que um dia, na hora da raiva, poderá sair. Enfim, vamos refletir sobre aquilo que a gente fala, mesmo sendo na hora da raiva.

Além disso, é prejudicial a qualquer relacionamento não assumir a culpa. Errou? Então peça desculpas.[18] Qual é o problema em reconhecer o erro e desculpar-se? O arrependimento não vai fazer cair um braço, não vai fazer cair uma perna.

• •

"Por favor, me perdoe". Essa declaração vem imediatamente após a primeira: "Eu errei. Por favor me perdoe". Quando isso acontece, as correntes da indiferença, do distanciamento, da insegurança e da tristeza são rompidas.

Ciro e Iara Paula

• •

Nós estamos falando de relacionamento entre casais, mas isso também afeta o relacionamento com os filhos e com as pessoas de fora da família. Eu percebo que há crianças que não conhecem a palavra "desculpa", que desconhecem o que ela quer dizer, porque os pais não se desculpam por seus erros.

Sabemos que a criança se desenvolve e desenvolve o seu caráter pelo poder ou como fruto do exemplo dos pais.

---

[18] PAULA, Ciro Lima De; PAULA, Iara Diniz De. **Edificando um novo lar.** Belo Horizonte, 2008. p. 22.

Quando ela briga com o amiguinho, é recomendável que ela peça desculpa, mas, se o adulto nunca pediu desculpa para ela ou na frente dela, não vai conhecer essa palavra; ela não sabe o que é esse sentimento nem o que isso significa.

A mulher não se tornará menos mãe e não deixará de ter autoridade se reconhecer que comete erros. Nós temos visto uma geração complicada, que acredita que nunca comete erros, uma geração que se sente dona da verdade. Temos que refletir sobre quem estamos criando para o futuro com essa geração que está aí; precisamos considerar seriamente isso e assumir que errar faz parte do processo.

Nesse ponto, também é saudável considerarmos o papel do elogio e da lei da semeadura: plantar para colher. "Nossa, eu estou cansada de elogiar e ele nunca me elogiar." Você já falou isso com ele? Não. A gente faz, a gente faz e a gente faz. A lei do retorno é infalível e a gente sabe que plantamos e iremos colher. Algumas vezes demora um pouquinho, porque a outra pessoa é "meio demorada" para fazer a sua parte e atrasa a colheita. Por isso, temos que dar um *toquezinho*, temos que chegar e dizer: "Olha, eu estou elogiando você há meses, e você não faz nenhum elogio! Elogio é muito importante para mim".

Um exemplo comum é aquele em que acontece de ela mudar a cor do cabelo e ele não notar. É comum algumas mulheres virem com essa reclamação. Então, vá até ele e diga: "Olha, quando eu fizer algo no cabelo, quando eu trocar a roupa, quando você perceber que eu emagreci, diga que você notou. Isso é muito importante para mim". Na verdade, esse tipo de elogio funciona como um incentivo.

Algumas pessoas têm uma séria dificuldade de falar o que faz bem para elas. Eu não entendo a razão disso.

Outro lembrete que vale a pena dar é que nunca devemos falar algo que está guardado dentro do coração nos momentos de raiva. Por isso a importância de resolver as nossas situações quando elas acontecem é fundamental. Cada vez que você dorme de *bumbum* com outro sem resolver uma situação delicada e, no outro dia acorda como se não fosse nada, vocês tocam o barco, seguem a vida e fica parecendo que a situação está resolvida, quando não está. Ela ficou lá, guardada e, em um momento de raiva, isso poderá vir à tona.

Situações assim assemelham-se a pessoa que perdoou uma traição. Perdoar é uma escolha e ficar com uma pessoa também. A traição é um dos únicos casos em que a Bíblia diz que a pessoa tem liberdade para seguir a sua vida, ou seja, separar-se. Penso que essa possibilidade é dada na Escritura porque Deus sabe quanto é difícil perdoar traição, sabe quanto é complicado voltarmos a ser como antes depois de uma situação como essa.

No entanto, se você decidiu perdoar, tem que decidir deixar o passado lá atrás. Perdoar não é ter amnésia, como já disse. Ninguém que perdoa se esquece o que aconteceu. Mas não é preciso ficar se lembrando a todo momento e trazendo o caso à tona, pois isso não fará bem nem para você, nem para a pessoa perdoada.

A comunicação é muito desafiadora numa relação, qualquer que seja. Mas ela é o que nos move, ela nos leva adiante, ela nos faz termos cada vez mais e melhorar as nossas relações com as pessoas e, principalmente, com aqueles a quem amamos.

Bem, fizemos um apanhado de situações em que o sexo pode ser negativamente afetado por questões que circundam o nosso dia a dia. Tocamos em pontos que costumam atrapalhar a relação do casal, para que você perceba que há relação entre o café da manhã e o prazer que vocês querem sentir à noite. Em outras palavras, ter uma vida sexual saudável envolve desde a comunicação até a arrumação da casa, e sem se esquecer da pia de louças para lavar!

QUANDO O MICRO-ONDAS DELE ESTÁ SEMPRE LIGADO!

A maioria das pessoas tem dificuldade de conversar sobre sexo, de conversar sobre o que sente, de conversar sobre o que gosta. Por isso, entenda que o diálogo no relacionamento é tudo, ele salva vidas, salva relacionamentos. Não tem como resolver as principais situações da vida conjugal a não ser com muito diálogo.

Homens, se vocês ficam cobrando, saiba que as pessoas não funcionam na base da cobrança. Pare com isso e tente entender o outro lado. Muitas vezes o marido trabalha de maneira empática com os seus amigos, com seus colegas de trabalho, com a família dele e se esquece de ter empatia com a própria esposa, com aquela que está ao seu lado nas horas boas e nas horas ruins.

Mulheres, tentem entender como os homens funcionam. Muitas vezes o homem tem uma necessidade física, pois eles enxergam o sexo de uma forma completamente diferente de nós. Existem estudos dando conta de que o homem chega no sexo como se estivesse diante de uma grande banheira de hidromassagem e a mulher parece que acabou de correr uma minimaratona.

Nem todos enxergam o sexo assim, eu sei. Mas estou falando da grande maioria, sem generalizar, porque a intenção é trazer um despertamento de que somos um casal, duas pessoas juntas se relacionando, superfelizes, ou tentando ser feliz.

Ninguém deve passar a vida inteira tentando fazer o outro feliz, esquecendo-se de si. Se você está vivendo assim, pode ser esse um dos motivos que está fazendo você "brecar", não seguir em frente com o relacionamento. Se esse for o seu caso, você pode querer fazer o outro feliz, mas não pode se esquecer de você. Você também merece ser feliz e encontrar alternativas para se tornar assim, para se encontrar pessoalmente, se transformar, e isso inclui a sua vida profissional, a maternidade, os relacionamentos sociais e inclui um conjunto de tudo o que diz respeito a você.

A nossa geração deve acabar com a questão do machismo de uma vez por todas. Hoje temos plena consciência de que relacionamento são duas pessoas vivendo na mesma casa, os dois são pais do mesmo filho (ou filhos), então, ambos têm que participar de tudo. Pare com esse negócio de que fazer comida é coisa de mulher, que ajudar o filho é coisa de mulher... Você não sabe cozinhar? Então ao menos compre comida pronta, traga pizza para o jantar, faça algo que você saiba e que contribua com o seu relacionamento. Pare de chegar em casa, sentar-se no sofá com os pés para cima e, depois de tomar banho, querer sexo antes de uma longa noite de sono.[19]

• •

As mulheres são multitarefas, e são brilhantes nisso. Mas fazer várias coisas ao mesmo tempo também é exaustivo. Portanto, dê uma olhada com atenção em sua agenda. Se houver coisas que você pode fazer — como ir ao supermercado ou pegar sua filha na creche três vezes por semana, de modo que sua esposa possa concluir o trabalho no escritório durante o dia em vez de ter de continuar à noite —, então faça isso. Antes, porém, discuta essas ideias com sua esposa. Algumas coisas podem ser mais úteis para ela do que outras. Use seus dias de folga para realizar qualquer coisa presente na lista de coisas que ela tem a fazer — e cuide das crianças também. Não se preocupe em agir com perfeição. Simplesmente apresente-se e ajude. Que bom seria se mais homens tivessem essa atitude. E sabe de uma coisa? Assim que se apresentar para aliviar a carga de sua esposa, você ficará maravilhado com quão mais atraente essa mulher será para você — física, emocional e sexualmente.

Kevin Leman

• •

[19] LEMAN, Kevin. **Direto ao ponto.** São Paulo: Mundo Cristão, 2016. p. 199.

A gente sabe que a matemática de sexo é infalível. Sexo bom gera vontade de fazer de novo e a matemática vai trazendo a prática. Quanto mais eu faço, mais eu quero fazer e, quanto menos eu faço, menos eu quero fazer. Se o sexo for ruim, se o *cara* só se preocupa com o prazer dele e não está nem aí para a mulher, quem acredita que a mulher irá querer transar de novo? Parem com isso, minha gente! Ninguém é bobo de pensar isso. Homens, façam a sua parte.

Mulheres também, façam a sua parte. Parem de castigar o marido negando sexo, porque isso é muito feio. O sexo não deve ser feito como moeda de troca. O sexo é algo lindo, maravilhoso, e ninguém dá nada para ninguém: todos os dois trocam. Trocam energia, trocam amor, trocam conexão, trocam muita coisa boa.

Quando ele não dá tempo para você ter desejo, ou seja, faz marcação cerrada, está ali, pronto, todos os dias, contando, todos os dias "na sua cola", todos os dias pedindo: "E aí, eu quero... E aí, vamos namorar?", isso vai deixando a mulher nervosa.

Uma seguidora me disse que conversou com o marido usando uma metáfora e eu achei muito interessante. Ela disse para ele: "Como eu vou ter desejo? Eu vou comparar algo para você entender. O desejo é como a refeição: como eu vou sentir fome se você nem me deixa fazer digestão do que já comi?". Interessante, né?

Quero chamar a atenção de vocês para o que fazer numa situação assim, que tem se tornado cada dia mais comum. Não só há mulheres que se sentem pressionadas, mas também homens têm se sentido pressionados.

"Gabi, ela quer todo o dia, todo o dia, e eu não tenho desejo para isso."

O que um não quer, os dois não fazem. Esse ditado é tão velho, mas de verdade as pessoas se esquecem que existe uma linha tênue entre o respeito à vontade do outro e fazer o que se quer fazer.

É preciso entender onde fica o limite. Um sente desejo para todos os dias, mas o outro não tem; então, acertem as suas arestas, aprendam a conversar sobre isso. Como resolver essa situação? Cartas na mesa, olho no olho. Não é uma conversa para ser feita via WhatsApp; não é uma conversa para ser feita por telefone. De preferência, após o sexo, porque os hormônios estão todos nas alturas.

"Às vezes, eu acho que ela não está querendo todos os dias, porque não me ama, não sente mais desejo por mim, que antes ela cedia porque sentia certa pressão." Infelizmente, tem homens que mudam em casa com a chegada dos filhos, o que é um comportamento inaceitável. Mas nós estamos falando de pessoas adultas.

Quando somos responsáveis por nossas ações, temos que entender que há uma família em pauta, que há uma mulher que não vive só para isso, já que ela tem muitas funções. O homem é muito sexual e visual. Eles conversam entre si, trocam vídeos, falam a respeito e são estimulados a todo o momento. Não é o caso das mulheres. Dificilmente uma mulher se sentará para conversar com uma amiga sobre isso; dificilmente alguém verá uma pesquisa sobre o assunto.

Eu sei, porque estou aqui nas redes sociais, tenho feito o meu melhor para que vocês tenham informações de qualidade e uma vida sexual de qualidade e, com isso, tenham a vida de vocês transformada.

Como, então, resolver essa situação? Sentando-se e conversando. "Vamos fazer todos os dias? Trinta dias por mês?" Para mim, três ou quatro vezes por semana seria ótimo. Mas como chegar a um denominador comum? "Gabi, agora eu vou ter que acertar, vou ter que combinar sexo? Isso não faz o menor sentido!"

Você não quer que melhore? Você não quer que as coisas fluam mais? O melhor é as coisas rolarem, acontecerem naturalmente. É igual ao dia do sexo: eu sempre falo sobre isso. É óbvio que não é legal ficar marcando esse tipo de coisa. "Não, o dia de sexo vai ser sexta-feira." Então, amigos, não me visitem às sextas-feiras, pois sexta-feira o mundo para lá em casa. Mas não é bem assim que funcionará.

A gente precisa entender que a vida é feita de fases, e cada fase tem o seu ciclo. Temos que entender em qual ciclo o casamento está. O meu marido está numa fase de mais desejo do que eu? Isso é normal, pode acontecer com qualquer casal. Assim como o oposto também. Vai ter fases em que a mulher terá mais desejo do que o homem e estará tudo bem! Entender a fase em que estão, respeitar isso e, como casal, saber ultrapassar essa fase difícil juntos é o mais importante.

É importante que vocês sentem e combine se vai ser duas ou três vezes na semana. Acertaram a quantidade? Beleza. Então combinam o dia ou deixam *rolar*? Conversem, se acertem. Conversem, porque algumas mulheres em consulta contam que até os filhos começam a perceber, pois, quando ele fica sem sexo, se torna mal-humorado, trata mal a mulher e indiretamente trata mal os filhos, o que é inaceitável.

Às vezes, o homem não tem noção disso. Então, a mulher, que tem melhor percepção, que tem olhar de águia, consegue ver mais longe. Se o homem não estiver percebendo, ajude-o a perceber quanto está fazendo mal para a família a sua falta de sexo.

Não há nada nessa vida que com diálogo não consigamos resolver. "Ah, mas o meu marido não gosta." Tem que aprender a gostar. A gente tem que entender que as pessoas que conversam se entendem. Quem conversa vai mais longe, quem conversa tem relacionamentos melhores.

E vocês só saberão o que o outro deseja sexualmente, quando conversarem a sobre isso. Homens só saberão o que elas desejam quando vocês conversarem.

Chegamos ao final do capítulo com muito conteúdo. Você leu uma série de dicas, orientações e fez exercícios de reflexão. Desses exercícios, qual foi o mais desafiador?

_____

_____

_____

_____

_____

Tem algo que você ainda não conseguiu colocar em prática ou que deseja refazer melhor que na primeira tentativa? Por quê?

_____

_____

_____

CAPÍTULO 5

Depois que os filhos chegam

O sexo no puerpério, ou quarentena, é um assunto que interessa aos novos casais que dedicam sua vida a ter filhos. Junto com o bebê, nasce uma mãe e, junto com tudo isso, nasce uma mulher cujos desejos diminuem, praticamente somem, desaparecem. Essa mulher parece se tornar uma pessoa assexuada, que não tem mais desejo pelo sexo.[20]

. . . .

[Mulher,] Enquanto você amamentar, provavelmente sua atividade sexual será mínima. Os três primeiros meses depois do parto são os piores. Existem inúmeras razões para falta de libido nesse período. Os níveis de prolactina estão altos, o que anula a ação da testosterona. As mulheres que estão amamentando têm menos lubrificação vaginal devido aos baixos níveis de estrogênio.

Julie Holland

. . . .

Eu conheço muitas mãezinhas que estão desesperadas com essa fase. Mas posso dizer que essa fase irá passar e, se você a está atravessando, precisa tomar consciência disso e descansar. Todas as condições que regem as manifestações que nosso corpo realiza estão na nossa cabeça, de modo que essa é uma questão que pode ser ajustada psicologicamente.

---

[20] HOLLAND, Julie. **Mulheres em ebulição.** Rio de Janeiro: Sextante, 2015. p. 79.

Além disso, há a ação de diferentes hormônios atrapalhando um pouco a normalização das reações femininas; não podemos negar isso. Porém, sabemos que o nosso lado psicológico demanda atenção e pode se tornar um forte aliado, e muito!

Dependendo da hora, a mulher coloca o chapéu de mãe, ou coloca o chapéu de esposa, ou coloca o chapéu de trabalhadora, ou o chapéu de filha. Mas tem um chapéu que nunca pode sair da cabeça, que é o chapéu de mulher. Independentemente de ser mãe, esposa ou profissional, independentemente das diferentes fases que atravessa na vida, é preciso lembrar de você.

Não se pode esquecer de amamentar o bebê. Mas, e você, como está depois que o amamenta? Está bem com seu corpo ou não?

Há vários motivos que podem fazer a mulher ficar descontente consigo mesma e não desejar a prática sexual. Uma delas é a questão hormonal. A fase seguinte ao parto é uma fase difícil. Praticamente nenhuma mulher consegue manter o mesmo ritmo com o marido, a mesma frequência, depois de ter o primeiro filho. Mas é preciso trabalhar a mente para organizar as coisas e obter ajustes necessários.

Precisamos entender que o sexo, na verdade, é uma coisa que traz benefícios e é preciso dialogar com o parceiro para que ele perceba que nasceu com o bebê uma mãe, que antes não estava presente na relação. Essa é uma nova mulher que terá um pouco de dificuldade no começo e que precisa de tempo para reaprender a ordenar as rotinas da casa, da nova família e do próprio casamento.

Você, mulher, não se culpe por isso, não pense que você é a pior esposa do mundo, porque a questão não é essa. Você, marido, saiba que o fato de a sua mulher não ter mais tempo de sobra para vocês não quer dizer que ela deixou de amar você. Ela não deixou de desejar você e essa é só uma fase que passará.

Como sexóloga, como enfermeira obstetra e mãe de três filhos eu tenho propriedade para dizer isso: eu garanto a vocês, homens e mulheres, que vai passar.

Mas, para que isso aconteça, o casal precisa dialogar muito, precisa trabalhar o psicológico e, o mais importante de tudo, continuar com os carinhos, continuar com os afetos, com as trocas. Tudo isso irá manter o amor menos frio, fazendo que a chama do amor e o hormônio ocitocina não pare de circular nas veias, não pare de andar pelo corpo e, assim, aos poucos tudo voltará a ser o que era antes.

Mulher, se você não tem conseguido manter esses pequenos gestos, se você já passou por uma fase um tempo atrás e continua difícil, converse com o seu obstetra, com o ginecologista, e, se quiser conversar comigo, faça contato, pois terei prazer em ajudá-la. Só não fique sofrendo. Essa é uma fase que irá passar e dará tudo certo para vocês.

Na verdade, não era para ser assim. A maternidade não deve se tornar algo que atrapalha o casamento das pessoas. A maternidade é uma fase mágica, um momento lindo da nossa vida, em que temos a oportunidade de gerar um serzinho, de cuidar dele, de colocá-lo no mundo. Essa é uma fase tão maravilhosa! Amamentar é mágico, realizador. São tantas coisas diferentes que acontecem com a mulher que nos encantam. Eu sempre digo que a maternidade dá um giro de 180 graus na vida. Maternidade nos tira da zona de conforto e faz de nós novas pessoas.

Eu trabalhava fazendo partos antes de ser mãe. E eu não entendia as pessoas que não desejam ter filhos. Mas hoje eu entendo. Essa é uma questão de escolha, de opção pessoal e é possível compreender como essas escolhas se dão.

Antigamente eu não compreendia. A questão do desejo sexual após a maternidade está ligada a isso, porque essas mudanças bruscas que acontecem na nossa vida precisam ser consideradas na hora de decidir por um filho. A nossa mente trabalha de uma forma própria, é como se ela tivesse várias gavetas e a gente fosse guardando as coisas ali, organizando tudo por prioridades.

Na nossa cabeça, o instinto materno se sobressai, assim como a gente nota no mundo animal. Nós, seres humanos, não somos muito diferentes deles. A gente tem instinto protetor, a gente sente quando o bebê precisa mais de nós. Não que o marido não seja importante, que a relação sexual não seja importante; mas nessa fase a nossa mente se volta diretamente para o que é mais importante, nesse caso, os filhos.

O desejo sexual ainda recebe a influência da questão hormonal, que durante a gestação e na amamentação bagunça toda a parte sexual. Porém, eu deixo como sinal de alerta a indicação de que nessa fase inicial do puerpério, entre quatro e seis meses no máximo, a mulher irá se sentir desconfortável.

Há mulheres que estão no processo de amamentação e não se sentem atraentes. Querendo ou não, os seios são partes do corpo feminino que se tornam objeto de desejo dos homens. Quem amamenta pode se incomodar com as alterações que os seios sofrem. Há mulheres que já sentem algum receio pelos seios que têm. Mas veja a maternidade como uma fase maravilhosa.

E o recado para você, mulher, é que, se tornando mãe, você não deixará de ser mulher e não pode se esquecer disso.

Deus nos fez de uma forma muito especial. A gente consegue vestir o chapéu de empresária, o chapéu de filha, o chapéu de mãe, o chapéu de n outras ocupações e papéis. Nós temos de encarar essas possibilidades e colocar cada chapéu necessário, vestir-nos de cada personagem que precisarmos e fazer por onde. Mas há um chapéu que nunca sairá de sua cabeça, que é o chapéu de mulher. Não se esqueça disso.

Os filhos nascem, crescem e vão embora. Eles são como passarinhos que saem voando. A mãe cuida deles, dá comidinha na boca deles, mas chegará uma hora em que eles voarão sem olhar para trás e os nossos filhos são da mesma forma. A gente cria, educa, eles vão crescendo, mas vai chegar a hora de eles voarem para constituírem a própria família, ou estudarem fora, enfim. Nessa hora, o seu marido ou a pessoa que está com você, seja o seu namorado, o seu companheiro, estará ali, ao seu lado. Se ele suportar firme a fase da maternidade, a forma como você lida com essa fase, ele estará ali, esperando você e ambos seguirão juntos o curso natural da vida.

Há alguns homens que não resistem a essa fase. Não é à toa que, depois que a maternidade acontece, muitos casais se divorciam. Isso acontece porque muita gente não sabe lidar com essa situação.

Você, que é mulher, considere que nós precisamos cuidar da questão hormonal, ver com o ginecologista, pedir para ele solicitar alguns exames. Medir os níveis de testosterona, de progesterona, de estrogênio. Se estiver tudo certo, então é preciso conferir a questão psicológica.

Há vários estudos que falam da parte hormonal, da parte medicamentosa, de mulheres que fazem uso de medicamentos antidepressivos, pois eles tiram ou diminuem o desejo, bem como os anticoncepcionais, que são como uma bomba para esse aspecto da sexualidade. Mas, tirando esses fatores, nós temos quase 85% de participação ou interferência da parte psicológica em nossa vida sexual, alguns estudos dizem 89%. Por isso, precisamos resolver as coisas na nossa cabeça.

Está tudo bem com seu filho? Ele tem dormido bem? Está tudo certo com ele? Evidentemente, ninguém conseguirá manter uma boa relação sexual se o filho estiver doente, além de outros inúmeros fatores que poderão afetar o desempenho do casal, especialmente das mães.

Por isso devo insistir em que as pessoas precisam falar sobre isso. A sexualidade é um tabu e eu penso que parte do meu papel é ajudar vocês a desvendarem esses mistérios e remover esses tabus de sua vida.

Recebi um casal que recentemente teve um filho. Eles encontravam muita dificuldade de conversar sobre a questão da sexualidade, e ela tinha muitos tabus que envolviam o assunto.

Para ela, depois que a mulher tinha um filho, o homem já não deveria ver o seu corpo como via antes. Na cabeça dela, os seios eram só para o bebê, e ela se sentia muito mal ela por pensar assim. Mas eles não conversavam sobre o assunto, e o motivo da consulta foi: "Não tenho vontade, né, o filho nasceu, eu não tenho vontade".

Eu comecei trazer conceitos sobre o tema, dizendo que há coisas que, em nossa mente, nós acreditamos firmemente, mas mesmo esses pensamentos são possíveis de serem mudados. Algumas coisas são escolhas nossas, como a questão do seio. Enquanto a mulher está amamentando, várias delas permitem ser tocadas durante o sexo, depois tomam banho. Mas há mulheres que não querem ser tocadas, e não são mulheres inferiores às outras por essa decisão. O homem, por sua vez, precisa entender essa questão.

Esse exemplo reforça a necessidade do diálogo e confirma quanto é importante. Eu insisto que as pessoas conversem sobre o que sentem sobre sexualidade, e é nesse sentido que eu digo que, quando a gente conversa, inevitavelmente, nós conseguimos nos entender.

Vivam a sexualidade de vocês plenamente. A maternidade não vem para tirar nenhum desejo, nenhuma vontade. Sexo é muito bom e lembre-se de que foi através dele que o seu filho, a quem você muito ama, veio ao mundo. Não perca a oportunidade de ser feliz no sexo e também seja feliz como mãe.

É POSSÍVEL VOLTAR A TER O PRAZER QUE TÍNHAMOS ANTES DA MATERNIDADE?

Essa é uma pergunta que muitos fazem. Para o bem de todos, a resposta é "Sim". Ter novamente toda a empolgação e prazer nisso é possível, sim. Eu tenho três experiências de maternidade e penso que nesse quesito eu posso dar boas respostas. Não é um, nem dois filhos; são três. Costumo dizer que um todo mundo tem, dois bastante gente tem, mas três filhos nos dias de hoje bem poucas pessoas se aventuram a ter. Muitas mulheres que me seguem nas redes sociais têm três filhos, e penso que elas se identificam comigo.

Para resgatar o prazer sexual que havia antes da chegada do primeiro herdeiro, a gente precisa colocar algumas coisas na cabeça.

Primeiramente, insisto em que nós precisamos trabalhar com a questão da autoestima da mulher. É fato que quando a mulher não gosta de si, quando não está satisfeita consigo, com o próprio corpo, quando não está contente com algum aspecto de seu próprio ser, isso refletirá no sexo.

Há mulheres que têm o pensamento fantasioso de que o bebê vai nascer e, imediatamente, todo desejo irá desaparecer, relacionado à ideia de que o corpo dela entrará em decadência instantânea. Mas, não é bem assim; penso que "o buraco é bem mais embaixo".

Salvo algumas exceções, eu costumo brincar dizendo que Deus deu um extra a algumas mulheres, nas quais assim que o bebê sai, sai com ele a barriga dela, com toda gordura acumulada nos nove meses de gestação... e elas já ficam lindas e maravilhosas!

Sabemos que há quem faça lipoaspiração junto com a cesárea, e não há nada de errado nisso. Está tudo certo, "ninguém sabe" desse "milagre" da natureza né? Mas tem mulheres que pensam que essas privilegiadas (ao menos financeiramente) dão à luz e se tornam misses como eram antes. E algumas ficam se perguntando: "Como pode?".

Não fique achando que todo mundo que você vê na mídia sai da maternidade linda, maravilhosa e perfeita de modo natural, porque a maioria teve uma ajudinha da medicina.

Mas nós, mulheres mortais, como podemos conviver com a vida real? Primeiramente, coloque na cabeça que você teve um filho e você deve se sentir uma mulher privilegiada. Não somente pelo fato de ter o bebê, mas você passou pelo processo de parto natural ou por uma cesárea, que são duas situações complicadas para o corpo humano.

O parto em si já é uma situação traumática. No parto normal, há o momento do pré-parto, com aquelas dores terríveis, as contrações e a dificuldade natural de dar à luz. Na cesárea, tem o pós-parto, e, por melhor que seja a recuperação da mulher, ela terá desconfortos naturais decorrentes do procedimento. Ela ficará com a barriga inchada por causa do efeito da anestesia, terá dificuldade para ir ao banheiro. Algumas mulheres terão os pontos abertos. Então, ambas as opções terão as suas particularidades, cada uma com suas próprias dificuldades. Só por ter superado isso já se pode considerar uma *baita* mulher, e penso que não temos o direito de nos olhar no espelho e não enxergar todas essas superações e não nos alegrar com elas.

Você levou nove meses para adquirir toda a gordura que ficou acumulada, a celulite, o peso que ganhou durante a gestação. Não faça algo contra você, como querer que em nove dias, ou em nove semanas, tudo isso desapareça. A volta ao estado anterior é um processo, levará um tempo. Permita-se atravessar o período com honradez, vivencie o seu filho e tudo o que ele trouxe para você, mas não deixe de se ver como mulher, que é outro ponto onde eu quero chegar.

Nós enfrentamos a questão da autoestima, mas temos ainda a questão de que não podemos esquecer que Deus nos fez de uma forma muito maravilhosa e especial. A mulher consegue fazer mil coisas ao mesmo tempo e isso é uma dádiva divina para nós.

Entenda que temos a oportunidade de vestir vários chapéus e nos sair bem nas atribuições de cada um deles. Eu conheço muitas mulheres que, após o nascimento do seu bebê, arrancaram o chapéu de mulher e colocaram o de mãe e assim permaneceram. Elas imaginam: "Eu sou mãe agora, então, eu não posso ser sensual; agora eu sou mãe e não posso usar determinada roupa. Não posso usar nada estravagante nem sensual, porque eu sou mãe. Eu sou mãe e não posso colocar uma camisola atraente para o meu marido, porque o meu peito poderá vazar leite".

Espere aí! Está vazando leite, mas o marido entende que nasceu um bebê. Está vazando leite, mas você pode se limpar, trocar a camisola, colocar um absorvente, um sutiã mais grosso, colocar uma camisola que tenha bojo, e, se vazar, não irá aparecer tanto. Há inúmeras maneiras de contornar essa situação. O problema está na cabeça dessa mulher, e esse é o verdadeiro problema dela — a forma como ela vê a situação.[21]

> A maternidade tem a ver com dar, mas sexo muitas vezes tem a ver com pegar o que você precisa, mesmo que isso soe um tanto egoísta. Você tem o direito de receber prazer e relaxamento depois do trabalho como cuidadora, mas isso exige uma enorme mudança de estado de espírito... Os dias podem ser voltados para as crianças, porém as noites precisam ser reservadas ao casal.
>
> Julie Holland

Ela poderá pensar: "Ah, mas eu vou transar e deixar o meu filho no quarto?", "Ah, mas eu tenho outro filho no outro quarto". Viva o seu momento. Seja feliz!

---

[21] HOLLAND, Julie. **Mulheres em ebulição.** Rio de Janeiro: Sextante, 2015. p. 81.

Não deixe de ser mulher porque você teve um filho. Não deixe que as coisas que a sociedade construiu como preconceito e desinformação entrem na sua cabeça e a impeçam de ser feliz como mãe e esposa.

Você teve um filho, mas você não precisa andar de coque; você não precisa andar de "cara lavada" em função da maternidade todos os dias. Você pode cuidar de si mesma e o sexo após a maternidade existe. Eu sou prova viva disso, e posso dizer que a minha vida sexual é muito melhor hoje, depois de ter três filhos. Só que eu tenho consciência de que tudo é uma questão de escolha pessoal. Eu escolho se a minha vida será boa ou não, eu escolho o que será prioridade na minha vida e o que não será.

Geralmente, como mãe, não priorizamos o sexo. Isso acontece porque, em nosso subconsciente, fomos criadas para a reprodução. Por centenas de anos foi dito que o sexo existe para reprodução, para fazer filhos. Então, se foi assim, eu já fiz filhos, então já dei a minha contribuição. Agora posso ser feliz. Considere isso você também.

"Gabi, mas eu já não tinha desejo antes." Nesse caso precisa saber quais fatores estão envolvidos nisso, porque a falta de desejo pode estar relacionada à forma como você foi criada, como você foi educada. Pode haver relação com o modo como você vê a sua sexualidade e pode ter outros fatores envolvidos.

Uma desculpa que tem aparecido nas consultas é: "Ah... gente, a vagina não fica mais larga depois do parto?". Isso é um mito, uma coisa da cabeça da mulher. Se um homem disser isso, é porque ele viu o parto, viu a cabeça do bebê saindo e imaginou essa situação. Se a mulher sente isso, é porque ela se lembra que saiu uma cabeça de bebê por aí, então ela tem essa sensação. Se o parto foi cesárea, não saiu nenhuma cabeça de bebê pela vagina, mas teve aquela pressão da barriga. Se a mulher tem a sensação de que ela está mais larga e mais frouxa, deve saber que isso é mito, já está comprovado que não corresponde à realidade. Portanto, é mais uma coisa da cabeça dela, e tem a ver com o aspecto psicológico da questão.

Em casos de continuar enfrentando essa dificuldade procure, na sua cidade, uma fisioterapeuta pélvica. Ela poderá ajudar, avaliando e intervindo se necessário.

O QUE VOCÊ DEIXOU DE FAZER QUANDO SE TORNOU MÃE?

Essa chamada é para você refletir sobre a vida como um todo. Com alguma frequência, eu ouço relatos de pacientes que atendo como sexóloga, dizendo que, depois que se tornaram mães, a vida não voltou a ser a mesma.

Antes de dar à luz um filho, mulher nenhuma é mãe. Por outro lado, depois da maternidade, a mulher que éramos antes do parto não existe mais. Isso é óbvio, mas parece que não é!

Nós nos tornamos pessoas muito melhores, mas é preciso entender que houve um processo de autoconhecimento e de autodesenvolvimento. O nosso coração mudou, a nossa mente mudou, já não enxergamos as pessoas da mesma forma depois de nos tornarmos mãe. Tudo ficou melhor dentro de nós depois dessa experiência. Mas isso é um trabalho que acontece de dentro para fora.

Eu fico muito chateada e triste quando algumas mulheres dizem: "Minha vida ficou terrível depois que eu me tornei mãe". Já ouvi até mesmo algumas dizerem: "Se eu soubesse que a minha vida sexual ia piorar tanto, eu não teria me tornado mãe".

> Recentemente, atendi um adolescente. A queixa dele era relacionada à sexualidade. Ele tinha dúvidas, de modo que a consulta foi sobre educação sexual. Mas quero contar outra parte da história dele para fazer um apelo.
>
> Muitas vezes, usamos a frase "Depois que eu me tornei mãe/pai as coisas ficaram ruins". Esse pensamento é um sinal de alerta. Quero fazer aqui um alerta aos pais que têm o hábito de dizer aos filhos: "A minha vida era muito melhor antes de você chegar; quando você chegou, as coisas começaram a ficar ruins". Essa declaração é muito infeliz e gera muitas coisas ruins na cabeça da criança e do adolescente. Como pais, pagaremos um preço alto por termos dito isso quando eles forem mais velhos.
>
> Então, aqui a dica é: aquilo que você sente e como você se sente, compartilhe com pessoas adultas, longe dos filhos, e que entenderão os seus pensamentos e sentimentos. Jamais coloque esse fardo, essa culpa, sobre o seu filho. É muito triste ver uma criança ou um adolescente chorando e dizendo: "Eu não escolhi vir e, ainda assim, eu sou culpado de

> todos os problemas lá em casa". Então, essa é só uma forma de chamar a sua atenção para que você não faça isso.

Fico extremamente chateada com afirmações dessa natureza, porque um filho, e a maternidade em si, não acontecem para fazer isso com mulher alguma! O que faz que tenham essa percepção são as escolhas que elas mesmas fazem; o problema está nelas, não no processo, e jamais no filho que tiveram.

Daí a importância de pegar um papel e uma caneta, escrever, planejar, calcular os custos (não somente financeiros, mas emocionais, sociais e pessoais), anotar as possíveis mudanças que virão pela frente e trabalhar com autoconhecimento; não tem outra forma de sair melhor e mais forte da maternidade.

É preciso fazer essa leitura de *como você está*, de *quem você é*, de *o que você deseja fazer*, *o que você fazia que você não faz mais* e saber *por que você não faz mais?*

_____
_____
_____
_____
_____
_____

"Ah, eu não tenho tempo." O tempo é uma questão de administração. Quando a gente quer, a gente consegue separar um tempo para aquilo que consideramos importante.

A vida sexual é um processo. Ela muda? Muda, mas pode ser tão boa quanto era antes. Tudo dependerá de cada pessoa e do casal, do "conjunto da obra".

Mas não subestime o valor das suas prioridades. Mãe alguma pode viver a vida de seu filho. Mãe alguma pode viver a vida do marido. Cada um deve viver a própria vida.

Você tem que viver a sua vida e escrever a sua história, porque o seu filho crescerá e, como acontece com algumas mulheres que eu conheço, com os filhos entrando na faculdade ou se casando, muitas mães que estavam despreparadas se perderam na vida dos outros e então percebem que viveram longos períodos em prol deles, fazendo tudo pelo filho.

Com isso, deixaram de sair, de curtir as próprias amizades, não tiveram vida social, estagnaram. Viveram só para o filho e, quando viram que o filho cresceu, viram também que "filho voa". Como eu disse, filho é como passarinho. As mães não podem pensar que eles crescerão e ficarão eternamente debaixo da asa.

Tenha consciência de que é seu papel cuidar, educar, fazer o possível pelo bem dele, mas pode ser que eles voem para longe e alguns ainda serão ingratos ou mal agradecidos.

E o marido? Esposa não é mãe do marido. Ela é esposa, e esposa é para estar ao lado dele, não o servindo como se fosse uma criança.

Reflita sobre tudo isso, elenque suas prioridades, anote seus sonhos, vá em busca daquilo que você deseja realizar.

Qual é o seu sonho? Qual é a sua prioridade hoje?

_____

_____

_____

_____

_____

_____

Organize-se, priorize o importante, vá em busca da implementação de seus projetos, porque aquilo que você deseja e planeja, só você pode alcançar. Ninguém irá fazer isso no seu lugar.

CINCO COISAS QUE NÃO VOCÊ PODE DEIXAR DE FAZER PORQUE SE TORNOU MÃE

Há algumas coisas de que uma mulher jamais deverá abrir mão em função da maternidade. Quero mencionar algumas das mais comuns e perigosas quando se desiste delas.

A primeira coisa que uma mulher não deve deixar de fazer por ter se tornado mãe **é cuidar da sua aparência**. Não deixamos de ser mulher porque nos tornamos mães. Não deixe de fazer as mechas que você gosta, não deixe de fazer aquela maquiagem que faz você se sentir bem.

"Gabi, eu não tenho tempo." Repito: tempo é uma questão de prioridades, de gestão. Nós criamos tempo para aquilo que consideramos importante. O que é mais importante para você? Arrumar a cama? Às vezes eu não arrumo a minha e está tudo bem. Ou é mais importante naquele momento você se arrumar?

Se tiver dias em que a prioridade for arrumar a casa, tudo bem; mas não se esqueça de pensar em você. Se você tiver oportunidade de fazer as unhas e alguém se ofereceu para ficar com seu bebê, aproveite isso.

Quando tem o primeiro filho, as mulheres são tentadas a pensar que ninguém saberá cuidar melhor dele do que ela. Se ficam longe por um instante do filho, logo pensam que ele vai se esquecer quem a mãe é ou que ele irá gostar mais da pessoa que está cuidando dele.

São sentimentos tão malucos que surgem e por mais que eu diga que nada disso é real e que seu filho vai ficar muito bem e as pessoas irão cuidar bem dele, a verdade é que ninguém cuida como a mãe — o que não significa que a criança irá sofrer se a mãe não cuidar dela. Se nós somos a mãe, o filho não vai amar mais as outras pessoas por ficarem com elas um pouco de tempo. Tente tirar isso da sua cabeça e cuide de você também. Uma mãe bem cuidada, uma mãe feliz consigo mesma, é uma mãe que faz a todos felizes. Não se esqueça disso.

> Atendi uma mulher cuja queixa era não ter desejo sexual: "Não tenho vontade, amo o meu marido e meu casamento, mas não tenho vontade". Era uma consulta *on-line*. Eu parei para refletir e olhei para ela. Notei que ela tinha raízes do cabelo com mais de cinco dedos sem fazer (raiz de cabelos brancos, para explicar aos homens), o rosto dela tinha aparência muito cansada, as unhas também estavam sem fazer.

Mais do que isso, era notório que ela não somente deixava essas coisas "sem fazer", ela era uma mulher que não parava para olhar para si mesma há muito tempo. A sensação que eu tive era que ela estava com problemas de autoestima, que não tinha amor-próprio. Foi inevitável; não tinha como não pensar isso. Apesar de ela dizer que não tinha desejo sexual, o que eu enxergava era uma mulher que não olhava para si.

Então, perguntei: "O que traz você aqui?", e ela respondeu. Eu olhei para ela e disse: "*Certo*, e como é que você está?", mas ela insistiu: "Eu acho que você não entendeu o motivo de eu estar aqui; eu estou aqui por causa do meu casamento". "Eu entendi, sim. Mas eu quero saber como você está", eu disse; e ela começou a chorar, dizendo que há muito tempo ninguém fazia essa pergunta para ela. Então, complementei: "Olha, nós vamos olhar para a sua sexualidade, mas antes eu quero olhar para você. Há quanto tempo você não olha para si mesma?".

Ela começou a dar um milhão de justificativas, aquelas que, como mãe, eu conheço muito bem: "Ai, eu trabalho o dia todo...". No caso dela, ela trabalhava em casa. E vou até reforçar aqui que, para mim, esse é o pior tipo de trabalho, pois é um trabalho que nunca tem fim. Para complicar, ela acreditava que, se ela se ausentasse de perto do filho, ele sofreria e ela não queria isso. Então, por isso, ela foi deixando o cuidado pessoal de lado.

> Concluí que, na verdade, o que estava influenciando a baixa libido da paciente, o seu desejo ausente, além de todas essas questões, era o fato de não ela estar bem consigo mesma, de não se sentir bonita, de não conseguir ter autoestima.
>
> Nós conversamos sobre tudo isso, e foi muito boa a consulta, porque ela disse que havia muito tempo que queria se consultar, mas não se sentia preparada para abordar a sexualidade. Até que um dia, como acontece com muitas delas, o marido ameaçou pedir divórcio caso ela não resolvesse essa questão. Contudo, eu reforcei para ela: "Não, vamos olhar para você primeiro, depois a gente resolve a questão da sexualidade". Foi muito interessante. Depois de tudo, ela disse: "Meu Deus, por que eu não agendei essa consulta antes?".

Não se esqueça também de dividir seus momentos com quem você ama. Se tiver oportunidade de conseguir um vale-*night*, se conseguir colocar os filhos para dormir um pouco mais cedo, priorize esse tempo com quem você ama, o que é muito importante. O casal precisa desses momentos a sós.

Para quem é mãe solo, sabemos que as circunstâncias da vida não são como esperamos, como desejamos. A minha mãe foi uma mãe solo e sei quanto foi difícil para ela, pois acompanhei tudo de perto. Essas mulheres merecem ser felizes como qualquer outra. Por isso eu devo dizer para elas: não vivam só para o seu filho. Se tiver a oportunidade de conhecer alguém, divida seus momentos com a nova pessoa.

As circunstâncias da vida nem sempre saem da forma como a gente planeja, mas como dizem: "Não importa como a gente começa, mas sim como a gente termina". Permita-se uma nova oportunidade de ser feliz.

Separe tempo para as coisas que você gosta de fazer. Se gosta de fazer uma caminhada, se gosta de fazer exercícios, na hora que o bebê dormiu, em vez de sair como uma louca arrumando toda a casa, dedique-se a fazer uma meditação se isso faz bem para você. Se for a prática de algum tipo de exercício que melhora o seu bem-estar, ou se for maratonar uma série, permita-se ter esses momentos a sós e fazer aquilo que você gosta. Não viva só para o outro, para as coisas da casa, para o marido, para os filhos: você também é um ser que tem suas próprias necessidades e carências e está ao seu alcance dar a si mesma essa oportunidade.

Quarto lugar: cuide da sua saúde. Nós somos mulheres maravilhosas, mas nós não somos a Mulher-maravilha. Vá ao ginecologista uma vez ao ano. Se você sentiu algum sintoma diferente, nem sempre a dor de cabeça vem só porque você não dormiu bem à noite. Ela pode estar relacionada ao funcionamento do seu intestino, pode estar relacionada a uma alergia alimentar ou a qualquer outra razão.

Por isso, faça o favor de cuidar da sua saúde, que é algo fundamental. Sem estarmos bem conosco, não poderemos cuidar dos outros. Além disso, se adoecermos, quem irá cuidar da gente? Mas isso não significa dizer para você viver de maneira egoísta a partir de agora. Eu quero que você se cuide para que esteja bem antes de tudo, e depois cuidar dos outros. Precisa pensar em si mesma independentemente de tudo, pois muitas vezes a gente se surpreende no futuro, chegando um tempo quando as pessoas não cuidarão de nós como imaginávamos.

E permita que a vida ensine a todos à sua volta. Refiro-me às pessoas que pensam que ninguém conseguirá fazer as coisas da casa como elas mesmas. Pois há maridos que hoje não tiram um prato da mesa, mas, quando a mulher fica doente, ele aprende a fazer tudo rapidinho. Portanto, se permita cuidar de você mesma com responsabilidade e as coisas se encaixarão naturalmente.

E, por último, encontre seus amigos. Sabemos que a maternidade muda a dinâmica das nossas amizades, principalmente quando o nosso primeiro filho chega. Aquela *galerinha* toda da juventude, que muitas vezes deixa a maternidade por último no planejamento da vida, ou aquelas que são mães antes de todos, começam a perceber que já não estão na mesma *vibe*, que já não podem frequentar os mesmos lugares, que já não compartilham os mesmos horários e já não vivem os dias do mesmo jeito.

Para quem não tem filhos, os dias de baladas começam na quarta-feira, na quinta-feira, e, quando se tem filhos, só conseguem sair se surgir um vale-*night* no sábado, quando muito na sexta-feira.

Assim, mães, curtam o seu momento da maternidade. Se você tiver novos amigos e amigos que tenham filhos, aproveitem esse momento do mesmo jeito, porque é isso o que a vida reservou para você. A vida é feita de ciclos e de fases e, quando a amizade é verdadeira, não será a maternidade que mudará isso. Às vezes, a presença dos amigos diminui só um momento, dá uma paradinha, mas dali a pouco volta tudo ao normal.

Mãe, você é muito preciosa, é muito importante. Não deixe de ser mulher, de viver tudo aquilo que

Deus preparou para você por causa da maternidade. A maternidade não vem para roubar a sua vida: ela vem para acrescentar, ela vem para ser algo maravilhoso para você, para incrementar a sua experiência como ser humano. Os filhos são bênçãos, são presentes.

OS HOMENS E A CHEGADA DA PATERNIDADE

Acredito que a nossa sociedade – a vida que vivemos – não nos prepara nem para a maternidade nem para a paternidade. A maternidade, de certa forma é superromantizada no imaginário, mas na vida real, no dia a dia, ser mãe não tem nada de romântico. Ainda assim, as mulheres passam parte da infância brincando de boneca, acompanhando a própria mãe fazendo as coisas no lar. No caso da paternidade, eu diria que "o buraco é bem mais embaixo". A maioria dos meninos não tem contato com a mãe durante as tarefas domésticas; muito pelo contrário, muitas vezes ouve "Vá para lá, saia daqui". Muitas mães não permitem (ouso até dizer que não permitiam, porque me parece que algumas ideias estão se transformando, felizmente) que os meninos participem de toda a rotina maternal.

A não participação do menino enquanto criança e adolescente é muito preocupante, pois muitos homens se tornam pais sem nunca sequer terem segurado uma criança no colo. Um bebezinho, quando chega a uma família, apenas pelo fato de ser homem, muitas pessoas não deixam que seja acalentado naquele colo, dizendo "Não! Menino é desajeitado". Dessa forma, os homens acabam privados, desde muito cedo, do contato com crianças de colo. Com isso, quando adultos e ao se tornarem pais, muitos homens nunca se quer pegaram um bebê no colo. Em contrapartida, a mulher está no puerpério, com os hormônios à flor da pele, sem paciência para ensinar, orientar o marido sobre os primeiros cuidados.

Como enfermeira obstetra e mãe de três, dou uma dica para você que está lendo este livro e é homem: seja proativo! Se a sua esposa participar de algum curso de gestante, se tiver bebês na família, mesmo que você não seja pai, demonstre interesse, procure aprender! Para a mulher, relembro que ninguém nasce sabendo e, por menor que seja sua paciência, o outro lado não sabe e precisa de orientação.

É muito importante frisar aqui a importância da participação do homem nos mínimos detalhes na vida de seu filho. Seja rede de apoio nas madrugadas para pegar o bebê depois que a mãe amamentou para fazer arrotar, dê banho. "Ai, eu não vou conseguir". Vai conseguir, sim!

No livro *As 5 linguagens do amor* diz que uma das melhores linguagens para o homem são as palavras de afirmação. Então, mulher, incentive, fique as primeiras vezes ao lado e diga: "Você vai conseguir". É preciso paciência e ajuda mútua; afinal, são duas pessoas que nunca foram pais tentando acertar. Lembrem-se que juntos vocês são muito mais fortes.

Minha amiga mulher, ainda que o instinto materno tente convencer você de que o homem não vai conseguir, não vai fazer direito, permita que ele tente, peça ajuda. No consultório, nos dias de hoje, eu vejo tantos homens falarem: "Eu queria tanto ajudar, mas ela não me deixa participar". Deixe, sim! Também é filho dele, e vai sobrar mais tempo para você. Por exemplo, enquanto você faz o jantar, ele pode olhar o bebê, ou dar banho no bebê. Eu brinco nas minhas palestrar que, se ele deixar o cabelo meio ensaboado, sem enxaguar direito, não tem problema, serve como um gel natural. Ria das pequenas coisas, dos pequenos problemas! Juntos vocês passarão por essa fase tão maravilhosa e desafiadora que é o início da maternidade e da paternidade.

Ainda sobre a paternidade, não posso deixar de falar da importância que os homens têm. Marido, tenha clareza na sua mente de que você não está sendo deixado de lado, nem está sendo trocado por um *ser humaninho* de pouco mais de 40 centímetros. O filho é fruto do amor e, nesse momento, a mulher está aprendendo sobre seu instinto materno: ela está olhando, lambendo a cria, mas não se esqueceu de você. Esteja ao lado dela para amarrar o cabelo, pegar um copo d'água, não queira competir com o seu filho. A intenção da paternidade e da maternidade não é essa. Espere o momento certo para a mulher retornar à vida sexual após o nascimento do bebê. Mesmo que o bebê já tenha nascido há algum tempo, se ela mulher estiver com dificuldades de recalcular essa rota, de se enxergar novamente como mulher, tenha paciência. A maternidade não transforma apenas o nosso corpo, transforma a vida, a mente. Jamais seremos os mesmos depois de sermos pais. Mas tenho certeza que juntos, se vocês unirem forças, com certeza conseguirão participar desse processo e sair muito mais unidos, firmes e fortes!

FAZER SEXO NO MESMO QUARTO EM QUE OS FILHOS ESTÃO?

O que isso quer dizer? Por que não é indicado, não é aconselhado? Pode ser que choque para algumas pessoas o que eu vou dizer, mas fazer sexo na presença dos filhos pequenos, no quarto deles ou não, é caracterizado como abuso sexual infantil e negligência por parte dos pais pelo Código Penal brasileiro.

Por quê? Porque o sexo envolve vários tipos de interações sonoras e físicas. E a criança percebe tudo isso, embora ela não entenda.

Essa questão foi tratada pela Liliane Rocha, uma referência na sexologia e na sexualidade humana infantil. Liliane explica que, como psicóloga, já atendeu várias crianças que relataram o pai batendo na mãe, e a criança desenvolve raiva do pai porque vê isso, porque o pai é malvado e a mãe é fraca, porque a mãe fala "Ai! Ai! Ai!" e o pai não para.

As crianças acham isso ruim, horrível, mas algumas que têm mais idade, que são maiores, dizem fingir estarem dormindo para depois presenciar cenas assim. O pior disso é que todos sabemos que situações assim interferirão na vida dos filhos no futuro.

Eu sei, e tenho muito temor de falar sobre esse assunto, porque vi em várias postagens pessoas que se manifestaram sobre deixar os filhos com alguém e muitas pessoas comentam negativamente. Algumas postagens diziam: "Ah, mas eu não tenho onde colocar", "Eu moro na casa da sogra", "Eu moro em tal lugar, o que eu faço?".

Como disse, temos que ter criatividade e explorar outros "cantos" da casa, temos que dar um jeito de sair de casa, porque as dificuldades existentes hoje são fases, são situações, momentos que passarão. Os filhos não serão pequenos para sempre. Dependendo da situação em que você está, essa situação não durará para sempre também.

Para tudo a gente dá um jeito. Não podemos, isso sim, é permitir que essas coisas aconteçam.

Tanta gente veio me dizer que precisou fazer terapia, que passaram um tempo por psicólogos, tiveram que fazer algum tratamento! A situação é delicada, é um assunto complicado mesmo, mas a gente tem que pensar bem, pensar no bem-estar dos filhos e ver de que forma nós, como casal, podemos usufruir da nossa vida sexual.

> Eu atendi uma moça, 25 anos de idade, que ainda morava com os pais e que, depois de um longo tempo de terapia, conseguiu falar sobre essa área da sexualidade que era muito fragilizada. Ela tinha um problema e me procurou porque não conseguia se relacionar com ninguém. Na terapia, ficou evidente que tinha alguma coisa negativa em relação à sexualidade.
>
> Nós conversamos, e ela disse que, desde muito pequena, tinha lembranças de ouvir os pais na intimidade, já que dormiu no mesmo quarto com eles em uma casa pequena. Hoje ela tem o próprio quarto, mas entende que essa trava na sexualidade está relacionada a isso. Eu a incentivei, já que ela é adulta, a conversar com os pais sobre tudo isso que vem acontecendo na vida dela.
>
> Tenho certeza de que eles não fizeram por mal, acreditavam que ela já estivesse dormindo. Enfim, cautela é sempre muito necessária, porque esse tipo de situação, como a dessa jovem, é muito séria. Sem

> intenção e sem perceber, os pais podem causar verdadeiros bloqueios na vida sexual de um filho.

MAMÃE TAMBÉM NAMORA. É VERDADE ESSE BILHETE!

É verdade! Mesmo as mães, as mulheres que se tornaram doadoras de vida a um novo ser, que se transformaram, não deixam de ser mulheres. Esse é um papo que temos que ter, pois ele é muito importante. A maternidade vem para acrescentar: anote isso em algum lugar e não se esqueça mais dessa verdade.

São vários os benefícios que temos com o sexo, como eu já disse. Portanto, focalize esse aspecto. O orgasmo não diz respeito somente ao sexo em si. Ele deixa a pessoa mais calma, mais jovem e mais feliz.

Durante o orgasmo, nós fazemos a liberação de três hormônios fundamentais: ocitocina, endorfina e serotonina, que são os chamados hormônios da felicidade. Por isso, entregue-se, conecte-se com esse prazer. Não estou dizendo que você tenha que transar todos os dias. Não, não é isso. Mas precisa saber que a mãe também precisa namorar, e ela merece isso. Merece ter um tempo com o marido, tirar um tempo juntos, assistir a um filme. Em resumo, criar um ambiente para namorar, já que namorar é estar junto, conectar-se; é beijar na boca e, se tiver sexo, ótimo, pois será ainda melhor para vocês dois. Mas, se não tiver, também estará tudo bem.

Agora, com tudo isso, não percam de vista um do outro. Insisto em que você, mulher, tome consciência de que não deixou de ser mulher ao se tornar mãe. Mulheres são seres incríveis, mais incríveis depois da maternidade! Mães também namoram, não esqueçam disso. Você não está cometendo um pecado.

Temos que entender que o casal conectado será muito melhor para os filhos. Unidos, nós nos tornamos melhores. Há situações nas quais a gente deixa de fazer algumas coisas juntos para estarmos com eles, mas, se fazemos isso é porque como casal não estamos bem, não estamos conectados, e isso reflete nas crianças; elas percebem. Então, reflita a esse respeito e mude atitudes se precisar.

Mães também namoram e mães são muito mais bonitas do que pensam, independentemente das circunstâncias e das falsas percepções que tenham a seu próprio respeito.

PARA MÃES:

O que mudou para você após a maternidade/paternidade?

_____
_____
_____
_____
_____

O que você deixou de fazer depois de se tornar mãe/pai?

_____
_____
_____
_____
_____

Como a maternidade/paternidade afetou a sua sexualidade, positiva ou negativamente?

_____
_____
_____
_____
_____

CAPÍTULO 6

Autocuidado e autoestima

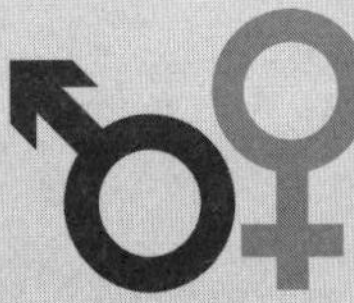

Afinal, o que torna você uma pessoa atraente?
Eu fui questionada por uma mulher que disse que se vestia de maneira *sexy*, que mantinha relações sexuais todos os dias com o seu marido e, ainda assim, foi traída. Ela, então, me questionou exatamente sobre isso: "Gabi, mas por que isso aconteceu?", "Não sou uma mulher atraente?", "Eu faço tudo o que, perante a sociedade, torna uma mulher atraente, desejável, *sexy*".

Mas eu pergunto: será que isso realmente torna alguém atraente? Qual a sua opinião em relação a isso?

_____

_____

_____

_____

_____

Estudando um pouco, lendo mais sobre isso, aprendemos que a verdade de que aquilo que torna a mulher atraentes não tem nada a ver com isso. Muitos homens podem, sim, dizer que uma mulher ter o corpo definido, um decote, um seio maior ou siliconado é o que a torna atraente. Contudo, quero questionar se realmente apenas o que é externo define alguém, seja essa pessoa homem ou mulher. Com certeza a sua resposta será "Não".

Sabemos que somos muito mais do que uma carcaça, muito mais do que um corpo, muito mais do que as pessoas veem de fora. Nós somos seres humanos com sentimentos, com sonhos, com desejos e, com certeza, o que torna uma pessoa atraente é ela ser bem resolvida, segura, sabedora de onde quer chegar, é ter suas próprias metas, seus sonhos, e conseguir demonstrar para as pessoas quem realmente é a partir dessas referências.

Vivemos uma era em que as pessoas estão se escondendo atrás das redes sociais, se escondendo atrás de um belo sorriso conseguido por meio de filtros digitais, mas que, muitas vezes, lá no íntimo da pessoa real, a vida não é como a pessoa está mostrando.

Por essa razão eu convido você a refletir sobre a forma como tem vivido e analisar se realmente as pessoas estão enxergando a pessoa que você é, se você se considera uma pessoa que consegue chegar aos objetivos aos quais se propõe, se consegue se ver como um ser sexual e enxergar em você a própria sexualidade.

Como está a sua autoestima? Como se comporta quando se olha no espelho? Quem é a pessoa que você enxerga? Você vê somente a carcaça que todos veem ou consegue ter um olhar mais profundo, notando que cada linha de expressão, que cada marca que você carrega, traz momentos de uma história maior?

Mulher, não permita que a sociedade diga se você é ou não atraente, se você é ou não bonita, se você está ou não dentro do padrão que ela estabeleceu sem o seu consentimento, sem consultar a sua opinião. Você é muito mais que isso! Você é um ser que carrega uma história própria que diz respeito ao seu tempo de vida. Com certeza, se você conseguir encontrar dentro de si o que compõe a sua identidade pessoal, você verá quanto é atraente, e que você é tudo o que a sociedade diz e muito mais!

Veja-se como um ser humano que tem uma história independentemente do que os outros digam, pensem ou julguem.

Por isso, não permita que um simples pedaço de vidro, como o espelho, defina quem é você.

A autoestima é algo de dentro para fora. As pessoas podem dizer que você é linda, mas, se você não se enxergar assim, de nada adiantarão os elogios. É por isso que tantas pessoas estão com problemas em seus relacionamentos, porque o marido vive elogiando, mas a mulher não consegue enxergar aquilo que ele vê.[22]

> Aceite-se como você é. Alimentar-se bem, fazer exercícios, sentir desejo — tudo isso é resultado da interiorização e da sensação de estar satisfeita com seu corpo. A consciência e a aceitação corporal são o melhor caminho para a paz de espírito, a saúde e a felicidade.
>
> Julie Holland

Pare e pense na maneira como você se vê diante do espelho. Muito mais do que a carcaça, do que aquilo que está por fora, do que aquilo que as pessoas veem e aquilo que você enxerga está a forma de como cada um vê a si.

Como você se vê quando para diante do espelho e olha? Pare tudo o que está fazendo e comece trabalhar o seu autoconhecimento, comece a trabalhar a sua autopercepção. Mas procure começar do zero, refletindo sobre a possibilidade de ter alguma coisa errada dentro de você, na maneira como se percebe, não naquilo que aparece, naquilo que pode ser visto com um simples olhar.

---

[22] HOLLAND, Julie. **Mulheres em ebulição.** Rio de Janeiro: Sextante, 2015. p. 154.

PEQUENOS EXERCÍCIOS PARA ATIVAR O SEU AMOR-PRÓPRIO

Liste todas as coisas que você gosta em você:
___
___
___
___
___
___

Tire uma foto dessa lista e imprima (ou copie numa folha à parte) e coloque num lugar que você possa olhar todos os dias para não se esquecer.

Invista pelo menos uma hora por semana para sair, sem outras pessoas. Desfrute da sua própria companhia.

Depois, escreva aqui como foi a primeira experiência.
___
___
___
___
___
___

Responda ao seu corpo. Se você está com sono, descanse e durma. Se está com fome, coma. Se está com sede, tome água. Se está sedentário, exercite-se.

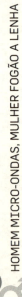

HOMEM MICRO-ONDAS, MULHER FOGÃO A LENHA

Depois de algum tempo prestando atenção nos sinais do seu corpo e respondendo a eles, descreva aqui sua experiência.

_____

_____

_____

_____

_____

_____

_____

Dance! Abra espaço onde puder. Empurre os móveis, escolha músicas que você ame e que sejam animadas. Depois descreva a sua experiência.

_____

_____

_____

_____

_____

_____

_____

Olhe-se no espelho e diga "Eu me amo!" todos os dias. Depois, conte aqui como foi.

_____

_____

_____

_____

_____

_____

_____

CAPÍTULO 6 — AUTOCUIDADO E AUTOESTIMA

Elogie-se todos os dias. E não esqueça de anotar como se sentiu ao fazer isso.

___

___

___

___

___

As marcas que você tem contam uma história. As linhas de expressão que eu tenho são da época da faculdade. Tem muita gente também que me conhece apenas pela carcaça, gente que me vê na rua, que me vê nas redes sociais e pode imaginar saber alguma coisa a meu respeito. Parece que é tudo fácil, bastando olhar o que se capta visualmente, mas não é tão simples assim.

Eu vim de um berço bem humilde e não nego as minhas origens. Eu sei de onde eu vim e que sempre tive um complexo de inferioridade muito grande, exatamente por isso. Mas há uma história familiar por trás disso, há muita coisa envolvida na minha história, e que a minha aparência não conta.

Eu perdi o meu pai muito cedo. Meu pai faleceu de overdose, era usuário de drogas. A ausência do meu pai biológico me permitiu ter um pai maravilhoso, mas eu posso garantir que todos os problemas que nós temos relacionados à autoestima, carregam consigo uma razão em nosso passado. É como um novelo de lã: nada vem por acaso, nada cai no nosso colo por acaso.

Você precisa se autoavaliar, você precisa se conhecer melhor. Isso dá trabalho, isso leva tempo. Mas eu convido você a parar diante do espelho e começar esse exercício olhando tudo aquilo que você consegue perceber a seu próprio respeito, aquilo que chama a sua atenção, e que você considera ser um defeito seu.

Nas palestras, quando eu falo sobre autoestima, eu costumo dizer que nós discutimos conosco por coisas aparentemente insignificantes, como os cabelos. Boa parte das mulheres que eu conheci sempre tem alguma coisa a reclamar. Mas pare e pense nas pessoas que estão fazendo tratamento de oncologia, tratamento para o câncer; independentemente do cabelo que tenham, essas mulheres dariam tudo o que pudessem para ter algum cabelo na cabeça, já que esse tipo de tratamento provoca a queda total dos cabelos.

Em relação à autoestima, nós precisamos fazer um resgate. A gente precisa parar e refletir: "Ah, eu não gosto do meu nariz. *Tá*, posso pagar uma cirurgia plástica? Posso fazer alguma coisa para mudar? Não, agora não tenho dinheiro". Então, vamos aprender a fazer um truque de maquiagem para viver melhor. "Não, não quero aprender nada." *Então aceita, que dói menos.*

Simplesmente aceite a sua condição e você viverá muito melhor. Há pessoas que se dispõem a fazer toda e qualquer dieta milagrosa que aparece por aí, e ficam repetindo: "Quero entrar numa calça 34, 36". Aí eu pergunto: quem é que vê etiqueta de calça para saber a sua numeração? Você sabe qual é o manequim que eu visto? O que essa informação a seu respeito pode mudar para melhor a vida das pessoas? "Ah, muda para mim." Ok, então faça por onde, comece pelos exercícios físicos, pela alimentação regrada, mas faça por você mesma, pela satisfação pessoal, não pelas pessoas ao seu redor, não faça esforço a mais por ninguém que não seja você mesma. Eu não faço nada em função desse terrível padrão social que existe na nossa cultura e que as pessoas colocaram num alto patamar de importância.

Em relação à sua autoestima, pare, reflita, veja o que você pode mudar, o que você não pode e aceite as coisas dentro dos seus devidos limites, dentro de um senso razoável de coerência. Esse é o melhor caminho para desenvolver, melhorar e manter a sua autoestima. É a tal da aceitação.

Eu, Gabriela, sempre tive sérios problemas em relação à autoestima e não posso dizer que estou 100% melhor. Há dias em que eu não me sinto bonita, independentemente da maquiagem, do modo como me vejo diante do vídeo ou da roupa que escolhi vestir. Por que reajo assim? Porque faço constantemente um trabalho interior, psicológico, algo que é preciso fazer para que eu possa estar bem comigo mesma, independentemente do que os outros digam.[23]

. . . .

O corpo é uma ferramenta essencial no sexo, além de uma obsessão mundial. A eterna obrigação da mulher de ter um corpo perfeito não ajuda em nada a sua relação com o sexo. O principal problema é que as mulheres nunca estarão satisfeitas com seus atributos e isso se reflete, e muito, na cama. Elas estão mais preocupadas com o que

[23] Presser, Tatiana. **Vem transar comigo.** Rio de Janeiro: Rocco, 2016. p. 68.

o parceiro vai ver do que o que vai acontecer de fato. O mais louco é que, cientificamente, os homens se sentem mais atraídos por mulheres com curvas do que por aquelas magras demais.

Tatiana Presser

Além de se olhar no espelho, você precisa refletir sobre quem você é como pessoa, bem como sobre o que você tem feito pelas pessoas. Às vezes, nós nos deixamos ser envolvidos por esse mundo egocêntrico, que se dedica muito a cada um cuidar e se importar com coisas individualistas, e nos esquecemos de olhar para o lado e ver o que temos feito pelo outro. Quando a gente começa a fazer algo pelas outras pessoas, a gente se engrandece, e práticas dessa natureza fazem sentir-nos melhor e, de alguma forma, isso interfere na nossa autoestima. Procure tirar pelo menos dez minutos diários para você, a fim de fazer uma reflexão assim.

O nosso dia a dia sempre é de grande correria. Mas, na verdade, a correria nada mais é do que uma grande desculpa que damos para nós mesmos para não fazermos algo pelas pessoas ou algo por nós.

Eu gostaria muito de incentivar você a refletir sobre o que gosta de fazer. Qual seu *hobby*? Que coisa faz você relaxar, descansar?

_____
_____
_____
_____

Imponha à sua rotina o desafio de fazer essa reflexão e se proponha a mudar hábitos até semana que vem!

Eu sei que muitas mães são como eu. Há vezes que a gente não consegue ir fazer xixi sozinha, não conseguimos trocar de roupa sozinha, porque sempre tem um filho grudado em nós. O banho é o que eu chamo de "tcheco-tcheco", banho rápido, porque toda a vida é um corre-corre incessante. Há sempre uma criança chorando e querendo ficar comigo, ou que está com sono e fica enjoadinha.

Mas as mães precisam ter o mínimo tempo para pensar sobre si mesmas e procurar recarregar as energias. Isso faz bem para a mente, para o coração, para o corpo; portanto, tire um tempo para você. Esse tempo é necessário e os maridos devem ficar com o filho para que a esposa possa "sair de cena" por uns instantes.

Às vezes, mulher, você terá que deixar o filho com alguém para fazer o que gosta. De repente, o que você mais gosta de fazer é sair com o marido. Então, permita-se, pelo menos uma vez por semana, fazer isso, conseguir um vale-*night*, pois fará muito bem para a sua saúde física, mental, emocional e para o seu casamento.

COMPARAÇÃO

Minha filha mais nova, Helena, começou a caminhar exatamente com 1 aninho de idade. Liz, a do meio, começou a caminhar com um 1 e 3 meses de idade, e o Henrique, o mais velho, começou a caminhar com 1 ano e 1 mês de vida.

Eu posso comparar essas diferenças, porque tenho três filhos. Mas será que realmente há alguma necessidade de fazer isso? O que eu quero chamar a atenção com essa comparação é que nós, mulheres, vivemos sob uma verdadeira "praga" chamada *comparação*. E essa praga, se não tomarmos cuidado, poderá entrar em todos os âmbitos da nossa vida.

As pessoas comparam a idade com que casaram, a idade com que tiveram filho, a idade com que se formaram. Vocês estão entendendo aonde isso pode levar? Essa mania se torna cada vez mais chata em relação aos filhos. "Ah, meu filho engatinhou com 7 meses." Citei o exemplo anterior, porque várias mães mandaram mensagens nas redes sociais dizendo que a Helena, a minha caçula, já deveria, estar caminhando com tantos meses. Esse tipo de comparação é indevida e improdutiva!

Não trabalhem com a comparação. Cada criança e cada ser humano tem o seu próprio ritmo de desenvolvimento; cada criança tem a sua maneira pessoal de crescer e elas vão ter a vida inteira para andar. Salvo exceções, evidentemente.

Se você leva o seu filho regularmente ao pediatra, ele irá acompanhar toda a evolução da criança e as coisas acontecerão no momento certo.

A gente sabe que hoje a informação flui de todos os lados. Nós recebemos informações da mídia, do jornal, da Internet e de outros meios. Então, se você tem um filho (ou mais), deve se inteirar nas questões da evolução e do crescimento infantil, se está de acordo com o que a medicina diz, mas não trabalhe com a comparações feitas com outras crianças, quer sejam os seus próprios filhos, quer sejam os filhos de outras famílias, porque isso não nos faz bem a ninguém.

Fazer comparações torna o trabalho da criação dos filhos muito difícil e pesado, além de ser completamente desnecessário. Ficar comparando uma mulher com outra, o resultado de uma com o resultado de outra, é algo completamente infrutífero e totalmente insano.

Quando entendemos o nosso valor, quando conseguimos enxergar quanto somos belas do jeito que a gente é, quanto a gente é profissional do jeito que a gente é, então atingimos um estágio libertador. Em relação aos filhos, vamos viver! A maternidade já é pesada por si mesma. Vamos viver uma vida mais leve, sem a necessidade de comparação.

Já existe muita pressão externa, e às vezes ela vem até daqueles a quem amamos e de quem nos ama. Já recebi relatos de mulheres perguntando: "Gabi, o que fazer quando o marido ou os filhos chamam a gente de gorda, dizem que somos feias e de muitos outros adjetivos negativos? Eu não aguento mais!". Gente, isso tem um nome: é violência.

A violência contra mulher não se manifesta somente na agressão física, não é só quando a mulher apanha. Violência contra mulher envolve o enquadramento de vários quesitos. Esse tipo de afirmação se enquadra em violência psicológica, que acontece quando a mulher é atormentada por adjetivos pejorativos, por falas totalmente desnecessárias e agressivas.

Mulher, você não deve admitir, não deve aceitar isso dentro da sua casa, principalmente vindo do seu filho ou do seu marido, nem de alguma pessoa que ouse dizer algo contra você.

Para vacinar-se contra esse tipo de situação é fundamental que você, mulher, tenha consciência própria, tenha autoconhecimento e saiba qual é o seu valor, percebendo-se como uma pessoa bela, sabendo quanto é maravilhosa, quanto é especial do jeito que veio ao mundo.

A relação da autoestima com a fase em que cada uma de nós nos encontramos é algo complicado, vem de longa data. Essa questão foi muito trabalhada em nosso inconsciente, ao dizerem que para ser bonita é preciso ser daquele jeito, para ser bonita tem que ter aquela forma física, aquele corpo, aquele cabelo.

Por favor, vamos desmistificar tudo isso em nossa mente. Você que tem ouvido adjetivos ruins a seu respeito em casa, chegou a hora de dar um basta!

Ainda há mulheres que acreditam que o marido diz coisas assim como um incentivo para que elas emagreçam, mas não é dessa forma que ele irá ajudar você a emagrecer.

O fato de ouvir certas coisas mexe demais com o nosso lado emocional, com o nosso lado psicológico, com a nossa vida como um todo. Não permita que aconteça esse tipo de ataque dentro da sua própria casa. Acredite em mim, você é linda do jeito que é. Se você gosta de se arrumar, se você não gosta, não importa: seja você mesma, seja autêntica.

Há muitas mulheres que vivem atormentadas com a autoestima, vivem um verdadeiro tormento dentro da sua casa, pensando que realmente não são bonitas, que não são capazes de fazer as coisas como outra mulher.

Mulheres que não se acham atraentes, mudem de ideia o quanto antes! Você é bonita do jeito que você é. Acredite!

"COMO FAZER AS PESSOAS GOSTAREM DE MIM?"

Eu fiquei chocada quando vi que esta é uma das perguntas feitas com grande frequência na pesquisa realizada pelo Google. Mas o que mais me surpreendeu foi ver as respostas, percebendo que boa parte das páginas da pesquisa apresentam 5, 6, 7 maneiras de fazer o outro gostar dela.

Alguns exemplos são: elogie as pessoas, revele um segredo seu, espere o melhor das pessoas, mantenha-se bem-humorado.

Novamente devo chamar você a refletir sobre essa questão. Vivemos em um mundo egocêntrico, em que a norma é cada um por si e Deus por todos. A que ponto chegamos?

Chegamos ao ponto de nos preocuparmos mais com o que os outros pensam a nosso respeito, ao ponto de ter que empenhar energia, esforço, para fazer que as pessoas gostem de nós! Como assim? Que preocupação absurda é essa com o outro, que acaba roubando a atenção de nós mesmos, levando-nos a nos esquecer de nós mesmas? Quase podemos dizer (ou de fato já podemos?) que a nossa geração está se tornando uma geração doente. Eu amo tanto o outro, eu me preocupo tanto com outro, que acabo me esquecendo de regar e de cuidar de mim mesma — isso é surreal.

Eu desejo que você pare e pense sobre a maneira como tem vivido. Quando nos propomos a viver da maneira como a atual cultura vive, nos esquecemos de nós mesmos, dando ao outro total domínio, total poder sobre nós. Quando chegamos a esse ponto, realmente temos que reavaliar a forma como vivemos. Com isso, não estou dizendo que você deve se tornar egoísta e só pensar em você a partir de hoje. Eu quero que você tenha consciência de que deve se amar, como eu já disse: quando eu me amo, eu posso amar qualquer pessoa, mas, quando eu não me amo, eu sou incapaz de amar alguém.

Fui a um casamento em que o celebrante, um pastor, disse que durante muito tempo ele celebrou casamentos de modo errado, porque ele sempre dizia: "Promete fazer o outro feliz? Promete amar ao outro? Nós sabemos que isso é um mandamento, amar ao próximo, mas muita gente esquece o versículo completo, que diz para amar ao próximo como a si mesmo. Como está o seu amor-próprio?". E ele começou a falar sobre isso durante a pregação.

Não sei se uma celebração de casamento é o melhor momento para abordar esse assunto de que a gente pensa só numa parte do versículo, amar o próximo, e nos esquecemos que amar a nós mesmos é um passo muito importante, mas o tema é necessário! É a mesma coisa que querer ser feliz dependendo dos outros. O que torna outras pessoas felizes? Nós somos incapazes de amar alguém se a gente não se amar, e eu achei fantástico incluir a outra parte do versículo. Sempre que eu falo para casais eu menciono isso, e espero, de verdade — que, se você não se ama e não tem feito esse exercício, se você não tem trilhado esse caminho para ser feliz — que o amor-próprio possa transformar completamente a sua vida.

A vida é uma só e é muito curta. Precisamos demonstrar para as pessoas que as amamos, e temos que cuidar do nosso jardim, que é o nosso eu interior. Ele precisa ser regado, e para isso temos que conferir a maneira como temos vivido, refletir seriamente sobre isso.

O autoconhecimento não tem nada a ver com autoajuda. Todos nós podemos melhorar de alguma forma, em alguma área. Todos nós podemos fazer algo por nós mesmos e algo pelo bem do próximo. Antes, porém, é preciso querer, ter vontade própria e tomar a decisão de agir em função disso.

E com isso eu espero, de verdade, ter mexido em alguma área do seu coração e da sua mente, a fim de que você reflita sobre como tem vivido e sobre o que pode fazer para melhorar ou mudar a atual situação para o seu próprio bem e o bem das pessoas com as quais você convive.

RELACIONAMENTO ABUSIVO

Está em alta falar sobre relacionamento abusivo, o que é algo que devemos lamentar pelo mal que isso representa para todos.

Você já parou para pensar sobre isso? Devido ao corre-corre diário em que vivemos, a gente não tem parado para pensar sobre coisas dessa natureza, sobre causas, sobre os efeitos, sobre as situações que geram esse câncer na sociedade de hoje. Mas isso não deve deixar de nos incomodar, pois se trata de um assunto muito sério sobre o qual precisamos falar cada vez mais.

O tema do relacionamento abusivo veio à tona por causa de algumas pessoas famosas que começaram a falar publicamente a seu respeito. Um caso conhecido foi o de uma mulher que conseguiu se livrar de um relacionamento assim e se tornou público. Mas não é só na casa dos famosos que coisas assim acontecem; em tantas outras casas mais simples isso tem sido recorrente. Esse mal, de fato, acontece com muitas mulheres no Brasil, de modo que nós não temos nem ideia do que seria o limite que estabelece um relacionamento abusivo, tamanha é a maldade que vemos no coração das pessoas em nossa geração.

Quanto mais a gente falar sobre isso, quanto mais a gente orientar e obter informação, mais as mulheres terão acesso aos meios protetivos e à informação, que é libertadora.

Já parou para pensar sobre quando o relacionamento se torna abusivo? Quando nos permitimos conhecer algumas pessoas, quando deixamos de ir a determinados locais, eventos, festas, por achar que não estamos na nossa melhor forma física ou por achar que não somos tão bonitas quanto as mulheres que estarão lá... esse tipo de pensamento pode revelar a ocorrência de um relacionamento abusivo.

Quando não queremos usar determinado tipo de roupa, porque achamos que somos feias para usar aquela roupa, achamos que não é o tipo de peça adequada para nós, quando tentamos nos relacionar com alguém, mas pensamos que nunca seremos boas o suficiente para aquela pessoa, e que todo mundo é melhor do que nós, isso pode revelar que já fomos vítimas de alguma espécie de abuso em um relacionamento anterior.

O autorrelacionamento abusivo está ligado a autoestima, a falta de amor-próprio. Quando não nos amamos, somos incapazes de amar outra pessoa. Quando eu não me amo, quando estou com a autoestima baixa, eu me torno muito vulnerável e me torno uma pessoa carente, aberta a relacionamentos abusivos ou o oposto, eu acabo me fechando, impedindo a ocorrência de novas amizades, de novos relacionamentos com as pessoas.

"Como mudar tudo isso, Gabi?." Como eu consegui me libertar do autorrelacionamento abusivo? Muitas mulheres que conheço não gostam de se olhar no espelho, porque, quando se veem, permitem que os seus defeitos saltem em seu rosto.

Assim, encarem o espelho de forma diferente. Da próxima vez que você olhar para o espelho, em vez de se concentrar nos defeitos, naquilo que todo mundo critica, olhe no espelho e não diga nada. Se conseguir, aos poucos, alegre-se cada vez que perceber que todos os traços que trazemos em nossas expressões faciais, as chamadas linhas ou marcas de expressão, têm por trás uma história de vida. O nosso corpo conta uma história, por isso, faça com você o mesmo: conte ao mundo a sua história.

Fazendo assim, você tentará trabalhar a questão do amor-próprio a partir da sua própria história e daquilo de que você dispõe.

A nossa mente trabalha mesmo quando estamos dormindo. Inconscientemente, ela está sempre trabalhando. Por essa razão, tente pensar o contrário do que incomoda você, uma vez que você é uma pessoa maravilhosa, uma mulher especial. Acredite nisso! Você deve entender que é uma obra viva de Deus, de modo que não pode deixar que ninguém, nem você mesma, destrua essa convicção ou faça você pensar ao contrário do que é essa realidade.

Olhe para o espelho e relembre toda a trajetória que você percorreu para chegar até aqui. É nisso que você deve se apegar. Você é guerreira, é batalhadora. Pare e preste atenção. A qualquer hora e a qualquer momento é o tempo certo para você virar a chave e começar a se perceber e a pensar diferente a seu próprio respeito... e com o respeito que as pessoas de fora muitas vezes não demonstram.

A NECESSIDADE DE RECEBER ELOGIOS

A cultura do nosso tempo, competitiva, fria e individualista, tem minado a saudável prática do elogio. Com a falta do reconhecimento dos valores e virtudes das pessoas, tem acontecido certo abalo nos relacionamentos, abalando a vida das mulheres especialmente, como também os homens.

Querendo ou não, há uma pressão velada, uma necessidade contida de sempre sermos elogiados. O que eu tenho que dizer é um pouco forte, mas eu preciso dizer. Você deve ser o seu maior elogio. Não precisa esperar receber elogio de ninguém. Digamos que receber o elogio de alguém, daqui em diante, será um bônus.

Não é possível vivermos na dependência do elogio das outras pessoas. Se depender disso, a sua autoestima realmente cairá, fará você se comparar a outras mulheres, o que é nocivo e não permitirá que você viva a sua vida adequada e plenamente.

Quando a gente enxerga o próprio valor, quando a gente percebe quem realmente somos, isso é o que realmente vale a pena e nos completa. Não digo que não importa a percepção alheia. Claro que sim! Sempre valerá a pena ouvir comentários (de preferência positivos) a nosso respeito. O que as outras pessoas dizem para nós, o que as outras pessoas trazem para o nosso conhecimento, nos ajuda a mudar, a refletir e a construir uma imagem mais ajustada socialmente.

Mas eu peço que você reflita que não é saudável depender somente disso. Você precisa se olhar no espelho e fazer um trabalho de autoconhecimento, que é um trabalho difícil e árduo, porque, quando a gente se olha no espelho, a impressão que eu tenho é que os defeitos e as coisas ruins saltam diante de nós.

EXERCÍCIO ESPELHO!

Olhe-se no espelho. Enquanto vislumbra sua imagem, pense nas imagens que todos os tipos de mídia apresentam como padrão de beleza.

Em seguida, pense sobre as pessoas com as quais você convive. Aquele padrão de beleza é real e reflete a maioria da sociedade? Ele faz sentido para você?

_____

_____

_____

_____

_____

_____

_____

Busque por uma foto sua de, pelo menos, uma década atrás. O que você falaria para a pessoa que está na foto? O que você diria sobre a beleza dessa pessoa?

_____

_____

_____

_____

_____

Se você pudesse dar apenas um conselho para um adolescente com sérios problemas de autoestima, o que você diria?

_____

_____

_____

_____

_____

O que você tem feito para melhorar as coisas que você vê e não gosta? A maioria das mulheres não faz nada, só reclama. Eu sempre digo que não existem mulheres feias, existem mulheres mal arrumadas.

Se acordar um pouco mais cedo por causa de você, vai valer a pena, pois poderá gastar um tempo com o cuidado próprio. Poderá passar um batom, arrumar o cabelo e fazer outras coisas que as pessoas que acordam em cima da hora não conseguem fazer.

> Às vezes, a gente sai de casa sem sequer pentear os cabelos. Certa vez, uma paciente minha falou sobre isso. Eu comecei a comentar algumas coisas com ela, de tudo o que ela havia dito na consulta e fui traçando alguns pontos a respeito daquela pessoa. E perguntei algo assim: "Faz quanto tempo que você não se olha no espelho? Há quanto tempo você não enxerga quem realmente é?". Principalmente depois da maternidade, a gente "meio que" deixa de ser mulher e encara o papel de mãe, como vimos anteriormente. Isso foi o suficiente para despertar naquela mulher o problema para o qual ela não estava atentando.

Muher, você é linda do jeito que é. Você pode ficar de pijama em casa, pode não se arrumar, mas isso está fazendo bem a você? São essas perguntas que precisamos fazer. Quando eu coloco uma roupa, eu tenho que gostar do que eu vejo. Eu não preciso da aprovação de outra pessoa.

Uma vez ou outra nós podemos pedir a opinião de uma amiga, perguntar ao marido o que ele acha, e isso é até saudável. Mas sempre? Não, sempre não.

Você precisa ser o seu maior elogio. Você precisa olhar e gostar do que vê no espelho. "Ah, Gabi, mas eu estou acima do peso, eu não estou feliz com o meu corpo." O que você tem feito para mudar? Já começou a fazer alguma coisa? Já procurou uma nutricionista? "Ah, não tenho dinheiro." Então mude, coma comida de verdade em vez de comer tendo que abrir embalagens e aprenda a descascar mais. Caminhada na rua é uma coisa gratuita, você não precisa pagar academia.

Muitas vezes, no caminho, é mais fácil reclamar. A gente precisa parar para pensar o que temos feito da nossa vida, descobrir o que queremos, aonde planejamos chegar e traçar algumas metas, estabelecer alguns objetivos claros e alcançáveis.

Com certeza, isso valerá a pena. E lembre-se sempre: você é muito mais bonita do que pensa.

SEXUALIDADE E AUTOESTIMA

Todas nós temos uma história. Por ser sexóloga, quando algumas pessoas me encontram e começam a comentar sobre outra pessoa, acabam entrando nesse assunto. Se a pessoa está mal-humorada, dizem que é por falta de sexo; se está feliz, dizem que deve estar transando muito. Nós somos muito mais que isso. É cruel pensar e dizer que as pessoas se resumem às suas rotinas de sexo, ou falta dele.

O mundo é cruel com as mulheres. Por vezes, tudo se concentra nos defeitos femininos. As próprias mulheres ficam olhando para as marcas e acabam se esquecendo (ou passa despercebido) quanto já passaram por situações e momentos difíceis.

A minha intenção aqui é fazer você se cobrar menos pelas coisas que não têm tanto valor quanto tem sido dado. Por isso é tão importante o autoconhecimento, especialmente por tudo aquilo que a gente já passou e por tudo o que somos hoje.

A mulher que eu sou hoje não é a mesma Gabriela Dias do Instagram que encoraja mulheres. O que se pode ver de mim é a minha missão de vida. Vejo isso como algo muito bonito, amo essa tarefa. Mas, para eu chegar até aqui, teve uma história de vida que me fez dessa maneira. Teve a faculdade que eu paguei sozinha com muito sacrifício e só eu sei quanto foi difícil. Quantas noites fiquei sem dormir até que pudesse alcançar o meu sonho? Depois veio o estágio distante, o início da carreira, o trabalho por conta, os filhos...

Mas por que eu tenho que contar tudo isso? Porque, fazendo assim, eu encorajo você para que pare e reflita sobre tudo o que você passou, e não seja tão cruel consigo mesmo.

REFLEXÃO SOBRE A SUA TRAJETÓRIA PARA CHEGAR ATÉ AQUI

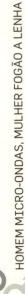

Chegou o momento de você escrever os pontos principais pelos quais você passou para chegar onde está agora na sua vida pessoal. Você pode escrever em forma de texto ou de lista, mas não deixe passar este momento.

_____
_____
_____
_____
_____
_____

Não é certo ficar olhando apenas os seus próprios defeitos. Todas as suas marcas contam uma história, eu insisto.

Olhe para você e enxergue que você é muito mais do que se pode ver. Como mulher, você é forte e guerreira, e tem passado por experiências muito pessoais, pelo que merece ser respeitada e vista da forma certa. Somente você sabe que há uma grande diferença entre como as pessoas a veem e a maneira como você se vê.

Cada vez que você se sentir feia ou incapaz, olhe para tudo o que já realizou e pelo que já passou. Eu gostaria muito que você refletisse sobre tudo o que já conquistou na vida. E não permita que as outras pessoas, nem mesmo você, falem coisas ruins a seu respeito. A gente se autossabota muito, sabia? Por tudo o que já passou, você merece ser feliz. Não se prive da felicidade, mas não seja você a causadora do que a impede de ser assim.

MATERNIDADE E AUTOESTIMA

Fala-se muito sobre autoestima. Para a mulher, ela é um resgate no pós-parto ou, até mesmo, durante a gestação.

Eu me senti muito bonita durante a gestação e sei de outras mulheres que também se sentiram assim. Mas eu conheço muitas mulheres que não se sentiram do mesmo modo, que não gostaram de como ficaram. Não é porque eu me senti bonita que eu devo pensar que todo mundo deve se sentir como eu.

Então, vamos começar esse assunto colocando as coisas no devido lugar. Geralmente as críticas, os pronunciamentos e as sugestões positivas vêm de outras mulheres. É mais difícil ouvir algo bom de um homem.

Consideremos a desconstrução que vem de quem você esperava que reconstruísse a sua melhor imagem. É comum as mulheres reclamarem que não conseguem voltar a ser quem eram. Minha flor, você nunca mais será como antes.

Uma vez que a gente tem um filho, nos transformamos em outra pessoa, em mulheres ainda melhores, é bem verdade. A desconstrução de quem éramos e a reconstrução de quem somos dá trabalho. Nosso cabelo não será mais o mesmo, os nossos peitos não são mais os mesmos, a nossa barriga não é mais a mesma. E, mesmo que você mude, que você passe por um processo cirúrgico, não será mais a mesma pessoa que era.

Enfim, eu quero chamar a sua atenção sobre a questão da reconstrução, porque as mulheres se queixam sobre isso por ser uma questão que remete à baixa autoestima. Em uma postagem que vi a mulher dizia que deixou de fazer fotos com o filho por essa razão: autoestima baixa.

Durante o primeiro ano de vida do filho ela tirou pouquíssimas fotos, porque não estava arrumada etc. Então, ela contou uma situação que aconteceu. Recém-chegada da maternidade, ela fez uma foto em que ela estava se sentindo muito bonita e a postou; mas alguém comentou que ela estava acabada, e a partir de então ela disse que começou a se olhar de outra forma.

Eu gostaria de saber o que as pessoas ganham fazendo esse tipo de comentário imbecil? O que acrescentará na vida delas mesmas dizer um tipo de coisa assim? No entanto, infelizmente isso é muito comum.

Eu penso que quando uma mulher se propõe a encorajar a outras, a ajudar e a apoiar outras mulheres,

HOMEM MICRO-ONDAS, MULHER FOGÃO A LENHA

juntas nós vamos muito mais longe, de modo que todas ganham.

Resumindo, o nosso filho merece muito mais, assim como você, mulher, também merece. Não deixe de tirar fotos com ele, registre cada momento. Eu posso dizer por mim, que tenho três filhos e, mesmo os tendo, reconheço que são três experiências distintas, já que cada um deles (e cada um de nós) é tão diferente. Mesmo que tenha vindo a Liz, mesmo que tenha vindo a Helena, os momentos com a Liz foram momentos com ela; os momentos com Helena foram outros momentos e o mesmo com o mais velho.

Não se prive, não deixe passar momento algum pelo fato de não achar bonita ou estar fora do padrão irreal criado pela sociedade. Não perca nenhuma oportunidade. Seu filho merece e você também.

Um recado para todas as mulheres: vamos aprender a elogiar mais. A empatia é muito mais do que se colocar no lugar do outro, é fazer algo pelo outro. Se proponha a elogiar mais, a falar coisas boas para as mães, nem que seja dizer a ela que "tudo passa". Mas diga que ela está bonita, mesmo que ela esteja com olheiras. Encoraje-a dizendo que aquele momento passará e dará tudo certo em sua vida. Às vezes, são só essas palavras que a gente, como mãe, precisa ouvir, nada mais.

É importante demais que aprendamos esses detalhes e os incorporemos às nossas práticas. Eu aprendo muito a encorajar outras mulheres e, quando as encorajo, eu sou preenchida com muita satisfação. A gente vai fazer a diferença na vida delas se fizermos disso um hábito, não esqueça disso.

AUTOCONHECIMENTO E AUTOESTIMA MASCULINA

REFLEXÃO DE DENTRO PARA FORA

Eu conheço pessoas cujo sonho era emagrecer "X" quilos, para poder vestir tal manequim. Algumas pessoas passaram por processos cirúrgicos, porque o sonho era ter a barriga de um jeito tal, era ter os peitos de um jeito que as satisfazia.

Mas me pergunto por que algumas pessoas, mesmo conseguindo alcançar os seus objetivos, ainda não se sentem felizes? Por que, mesmo não conseguindo chegar ao tão sonhado corpo, depois de atingir o tão sonhado "biotipo" que almejaram, a felicidade não se faz presente? O que acontece com essas pessoas?

Na verdade, essa é a prova de que toda teoria sobre autoestima é muito coerente, é muito verdadeira. A gente não pode pensar que essa carcaça que chamamos de corpo é tudo o que de melhor nós temos na vida. A gente não pode achar que só o aspecto exterior importa, que só o que as pessoas veem é o que interessa. Tanto é que a gente tem oportunidades de conhecer pessoas lindas que quando abrem a boca não têm nada a oferecer.

A beleza não é só o que está do lado de fora de nós, por isso algumas pessoas que notamos exteriormente e não as consideramos tão bonitas, quando conversam por cinco minutos, fazem-nos vê-las como pessoas tão lindas!

Por que isso acontece? Porque a beleza vem de dentro para fora. Não vou dizer que o exterior não importará jamais. Sim, ele importa. Mas a junção dos dois aspectos, isto é, o conjunto tem que andar junto. Não interessa conseguir se vestir em um manequim 34 ou 36, como muitas mulheres almejam, pesar 50, 55 kg se não cuidar do próprio interior, se não tiver conteúdo relevante, se não for um ser humano admirável.

Há pessoas em busca de certas coisas apenas porque outras valorizam aquilo, porque outras têm como meta alcançarem algo específico, mas nem sempre essa é a sua meta. A pessoa nem deseja aquilo que está na "boca do povo" e, por isso, quando consegue o objetivo, a pessoa não se sente feliz. Por quê? Porque não era o que ela desejava, não lhe dizia respeito.

Devemos entender de uma vez por todas que existe um padrão perseguido por muita gente, e eu não sei quem foi quem que o estabeleceu. Mas nós mesmos precisamos entender e perseguir aquilo que nos faz bem, discernir aquilo que é bom para nós.

Por exemplo, muitas pessoas não sabem, mas eu sou cardíaca e pré-diabética. Então, fazer exercícios físicos e cuidar da minha alimentação não é somente uma questão de estética. Claro, eu preciso me cuidar também, mas tem o fator saúde que para mim pesa muito mais do que a estética. Tanto é assim que depois do nascimento da Helena, a minha terceira filha, eu não voltei para o meu peso normal. E, embora eu não tenha voltado para o peso anterior, eu me aceitei do modo como fiquei. Não me conformei, porque eu não estou feliz com a forma como eu me vejo; eu penso que posso melhorar. Mas nem por isso eu me tornei escrava dessa situação. Eu não deixo de sair com meu marido, eu não deixo de viver a minha vida, e esse é o ponto em que eu quero chegar e permanecer.

Muitas pessoas se esquecem de viver. Colocam na cabeça determinadas coisas e vão atrás delas, rigorosamente, perseguem-nas com unhas e dentes e chegam lá! Mas e depois disso? Não se satisfazem.

Por isso, faça por você. Comece a trabalhar a sua autoestima de dentro para fora. Identifique quais são as suas qualidades, perceba como você se vê, saiba dizer onde você quer estar daqui a cinco anos, tenha consciência de quem é você. Você sabe responder a essas perguntas? Se eu der um minuto para responder a elas, você conseguirá cumprir essa tarefa?

É preciso saber responder à pergunta sobre quem é você. É preciso saber aonde se quer chegar, qual é sua missão de vida, por que você está aqui... Essas são coisas que, quando a gente descobre, entendemos que tudo o que está à nossa volta é passageiro e que não vale a pena a gente perder a vida para pequenas coisas que nada valem.

O que vale a pena é a gente se amar, é a gente se aceitar, porque todo o resto se modifica. Quando nos aceitamos, quando nos amamos, quando trabalhamos a nossa autoestima de dentro para fora, sabemos que, independentemente de a pessoa com quem estamos, vamos conviver com pessoas lindas, ao nos olhar, ele nos achará a mais bela de todas as pessoas.

Independentemente do círculo ou do meio de amizades do nosso convívio social, os padrões sociais não devem nos abalar. Eu estou preparada para o que der e vier, porque dentro de mim essas questões estão resolvidas.

Há coisas que precisamos buscar por razões diferentes. Eu, por exemplo, faço buscas em função da minha saúde. Não serei hipócrita ao dizer que não, porque eu também faço buscas pela estética, já que sou uma mulher como qualquer outra. No entanto, não é isso que me move com maior ímpeto. Não é só estética, é mais do que isso!

Que essa seja também a sua motivação, aquilo que mova você por todos os dias da sua vida.

AUTOIMAGEM

Ficamos estarrecidos com a notícia de uma influenciadora digital de 26 anos de idade que faleceu por complicações ocasionadas durante um processo de lipoaspiração. Como qualquer mulher que apoia outras mulheres ou se compadece com elas, é evidente que fiquei triste, chocada. Mas eu quero chamar a atenção para o fato de que tudo o que acontece e que gera polêmica, tudo o que acontece envolvendo assuntos difíceis de lidar, que são levantados para discussão pela mídia e pela imprensa, há um propósito por trás disso.

Assim, quero usar essa questão para levar você a refletir sobre a forma como as mulheres se veem. Tem dias em que eu não me acho bonita, tem dias em que eu não gosto de mim. E sabe o que muda de um dia para outro? Muda algo dentro de mim.

Parte do problema, do modo como vejo, está nesse maldito padrão que a gente não sabe quem inventou. E nós, inconscientemente, ficamos correndo atrás daquele padrão, ficamos correndo atrás, ficamos correndo atrás...

A mulher mal sai de um período pós-parto, a gente mal tem um bebê, e já queremos vestir a calça que vestíamos antes. Hoje eu não sofro mais por isso, porque eu resolvi a questão dentro de mim.

Eu resolvi que sou mãe de três, que trabalho muito, que corro atrás dos meus próprios sonhos. Eu tento comer bem, mas nem sempre consigo. Eu faço atividade física porque gosto, não apenas porque preciso. Então, eu não me sentei em cima dos meus problemas, em cima daquilo que eu não consigo ajustar segundo o padrão socialmente aceito, de modo que eu posso ficar com a consciência tranquila e serena, porque não estou refém daquilo que vem de fora; eu dependo da solução interior que dei à minha própria vida.

Nós precisamos correr atrás dos próprios objetivos. Não adianta medir aquilo que queremos para nós, os nossos sonhos, as nossas metas, os nossos progressos desejáveis com a régua dos outros. Nós devemos medir as coisas com aquilo de que dispomos e traçar metas que *nós* possamos alcançar.

Eu me sinto extremamente chateada quando vejo mulheres que abandonam a vida social, mulheres que deixam de ir a determinados lugares, que deixam de transar com seu marido e dão a razão para isso.

Você acha que precisa mudar alguma coisa? Então faça por você e não interrompa a sua vida, a sua carreira nem a sua jornada rumo à felicidade. Não faça porque o marido quer, porque "a fulana está falando", pelo padrão socialmente aceito. Não! Faça para você e por você!

Quando a gente vive dizendo as coisas que precisam acontecer "pelo outro", o que acontece é o tal do "começa e não consegue terminar". Quem nunca viveu isso? "Eu comecei uma dieta e não consegui terminar." "Eu comecei um negócio e não consigo terminar." Mas, quando fazemos as coisas por nós, quando o negócio parte de dentro da gente, sabemos qual é a fonte da motivação, sabemos aonde queremos chegar e é esse o ponto que eu quero tocar para chamar a sua atenção.

Ao escrever isso eu sinto muita vontade de chorar, porque eu já fui uma pessoa que se olhou no espelho e disse: "Deus, por que *tu me fez* assim?". As pessoas me veem hoje, bem resolvida, arrumada, e pensam que sempre fui desse jeito. Mas eu já fui uma adolescente que usava calça 44 do meu padrasto, porque eu não aceitava o meu corpo. Eu era reta e fui ter quadril e cintura somente aos 18 anos de idade. Esse assunto mexe muito comigo e por isso eu quero tentar levar você a se livrar disso.

Nós temos que acabar, de uma vez por todas, com os julgamentos, com os olhares maldosos sobre o nosso corpo, e podemos fazer isso mudando a chave em nós!

Pare! Pare tudo! Se você está vivendo desse jeito, se não consegue se olhar no espelho, pare tudo o que você está fazendo. Pare. Pare e olhe para dentro de você.

Olhe! Olhe de verdade. Você está respirando, você tem um corpo, você tem olhos, você tem nariz, tem boca. "Ah Gabi, que dramática." Pode pensar o que você quiser, mas, como enfermeira, eu já vi gente da minha idade, da sua idade, lutando para viver, e isso é triste.

Eu posso dizer com propriedade que nós reclamamos de barriga cheia. Nós reclamamos da própria imagem sem ao menos precisar, sem ter sentido o que pessoas assim sentiram. Nós reclamamos, mas nós temos tudo. Pergunte para uma mulher que está passando por um processo de quimioterapia se ela não daria tudo para ter o seu cabelo; depois, se conseguir, reclame dele.

Pense: se você morresse hoje, o que ficaria para as pessoas? Essa é a pergunta que eu me faço. O que as pessoas diriam sobre mim se eu morresse hoje? Será que a gente deixaria um bom legado? Será que as pessoas teriam coisas boas para falar sobre nós? Será que as pessoas iriam ao nosso velório? Será que alguém se importaria por termos partido?

Nós somos muito mais do que uma imagem. Ela é importante? Claro que é. Seria hipocrisia da minha parte dizer que não, tanto é que eu posso ser vista me arrumando, pois reconheço a parcela de valor que o meu corpo tem. Toda mulher é linda. Eu sempre repito essa frase, eu a amo. Ela não é minha, mas olhe, quase se tornou minha de tanto que eu a repito. Você é muito mais bonita do que pensa. Muito, muito, muito mais bonita!

Portanto, pare de focar no que você não gosta e foque naquilo que gosta. Você não gosta do seu cabelo, mas você tem uma boca linda. Não gosta do seu nariz, mas tem um cabelo legal. Todos nós temos coisas bonitas, mas a gente tem o defeito, o problema crônico de focar somente as coisas ruins.

Valorize o que realmente tem valor.

O QUE É AUTOESTIMA

Temos visto como diferentes questões podem interferir na autoestima, não somente a questão do peso;

pare de pensar que ele é o grande ou o único vilão da autoestima.

Eu conheci pessoas que perderam 30 quilos e, depois que perderam todo esse peso, ficaram desorientadas, perdidas, continuaram se olhando diante do espelho e não se achavam bonitas. Isso é uma forte evidência de que o problema não se resume a peso.

Acima de tudo, a autoestima é uma questão de realização pessoal, de sentido de vida, de propósito. Quando eu descobri isso, tudo ficou mais fácil e leve, pois eu resolvi o problema que havia em mim, entendi a mulher que sou, para que eu vim a esse mundo, descobrindo o propósito de vida, a minha missão. São essas coisas que completam um ser humano normal, saudável, equilibrado.

Entendi que sou uma grande mulher por todas as coisas que eu faço, não por aquilo que esperam ou digam de mim, independentemente de eu entrar ou não naquela calça que está guardada lá em casa.

Não se perca e não perca o sentido de sua vida colocando todas as suas maiores expectativas sobre os ajustes a esse padrão social, que nós sequer sabemos quem estabelece. Vamos olhar para nós mesmas. Vamos enxergar o nosso valor.

Ninguém poderá ser realizado se esperar que a sociedade se volte a favor da pessoa para fazer dela uma pessoa bem-sucedida. Ao contrário, a sociedade competitiva em que vivemos diz que você deve se esforçar para subir na vida, e para isso deverá abater aqueles seus potenciais rivais. Assim, enquanto você esperar uma mão amiga, uma palavra de ânimo ou um afago para que a sua autoestima se ajuste ao ideal, você não sairá do lugar e seguramente perderá o lugar em que está, assim decaindo, adoecendo, acabando consigo mesma.

Se o seu marido olha para você e diz: "Você está linda!", e você pensa: "Ah, claro, ele quer sexo, por isso está falando essas coisas"; ou "Como você está bonita hoje", enquanto você pensa: "Ah, claro... está querendo alguma coisa", então admita que o problema está no fato de que a leitura que você faz a seu respeito tem interferido (distorcido) no modo como você ouve e interpreta aquilo que dizem a seu respeito.

Pare com isso! Se as pessoas elogiam você, não é porque elas querem alguma coisa em troca. Como a cultura geral diz que é preciso unir as forças umas das outras para se conseguir um lugar ao sol, aqueles que agem de maneira contrária a isso só podem estar sendo sinceros. É uma coisa tola sempre achar que tudo o que vem a você está carregado de interesses, de segundas intenções, e tudo sempre tem alguma coisa por trás que você não consegue identificar ainda. Acredite no que dizem e pronto!

Quando alguém elogiar você, não fique tentando desviar o foco. Pare com isso! Olhe para a pessoa e diga: "Muito obrigada!". Agradeça, reconheça e aceite o elogio. É difícil, mas se esforce, faça por você.

Há uma história que aconteceu comigo e eu costumo contá-la. Ela é sobre autoestima. Eu tive problemas com o meu cabelo, desde sempre. O meu cabelo não é liso e, de tanto eu fazer coisas para melhorar a aparência dele, acabei perdendo os cachos que ele tinha, e que eu achava muito bonitos. Hoje ele tem a aparência meio indefinida.

Os meus cabelos estavam "daquele jeito" quando fui dar aula na Universidade em Criciúma, pois era professora universitária. Nunca dei aula na área de oncologia, pois a minha especialização é obstetrícia. Mas naquele dia uma professora faltou e eu fiquei com os alunos dela. Logo que a gente chegou, tinha uma menina muito linda, uma paciente com 19 anos de idade com câncer em estado terminal, completamente carequinha por conta do tratamento agressivo.

De todas as pessoas presentes, havia alunas com cabelos muito mais bonitos do que os meus. Mas naquele dia aprendi algo. Nós começamos a conversar e, quando eu ia dizer algo, ela olhou para mim e disse: "Que cabelo lindo". Eu pensei: "Ai, Deus. Você não vai fazer isso comigo". E respondi: "Obrigada", mordendo a língua, porque eu sabia que era Deus falando comigo. Ela disse assim: "Posso colocar a mão?". Eu tirei o rabo de cavalo e, daí, ela falou: "Eu daria tudo para ter o teu cabelo". Em seguida, fui ao banheiro chorar e pedir perdão a Deus. Nunca mais reclamei do meu cabelo.

Aquilo foi como uma facada em meu coração. E, a partir daquele dia, eu nunca mais reclamei.

Quando essa experiência com a paciente aconteceu, eu estava com o cabelo mais comprido e cheguei a pensar em cortar *channel* e dar os fios para aquela menina fazer uma peruca. Ela tinha dito que daria tudo para ter os meus cabelos e isso seria uma forma de alegrar a vida dela. Infelizmente, quando eu voltei no dia seguinte, ela já tinha falecido. Não deu tempo.

E qual foi a lição que eu aprendi com aquela história? Não reclame de nada que você tem, porque tem alguém que daria tudo para ter.

As coisas que podem ser mudadas, mude. Aquilo que não dá para mudar, aceite. Pare de brigar com o espelho. Você é linda e perfeita.

A autoestima vem de dentro de nós e se reflete no exterior, não o contrário. Reconheça quem você é, reconheça o seu valor. Esse sentimento nobre vai surgindo, brotando, como uma flor. As mudanças precisam ter um começo, temos que dar o pontapé inicial, porque não será da noite para o dia que você se verá no espelho e se achará linda, maravilhosa. Esse é um processo.

PERMITA-SE RECEBER CUIDADO

Todos que são pais precisam da contrapartida em relação à doação que fazemos para aquela vida que chegou, a mãe principalmente. A mãe dá comida quente para o filho, o banho demorado e tudo o que ele precisa para se sentir bem. Eu faria tudo de novo! Na verdade, ainda faço. Eu amo ser mãe e não estou reclamando.

Mas eu quero que vocês compreendam que ao dar o melhor, ao darmos tudo para o filho, precisamos saber quem retribuirá a esse desgaste que a doação envolve. Quem dá colo para você? Quem faz carinho em você?

A mãe-esposa deve se permitir ser cuidada, ser amada pelo marido, por aquela pessoa com quem se relaciona.

Indiretamente, a sociedade coloca na cabeça das pessoas (e na cabeça das mulheres) que a mãe não pode dedicar tempo para o autocuidado.

Mas isso simplesmente não é verdade. Se você quiser assim, está bem, será a sua escolha. Mas, se não quiser, saiba que não será obrigada a se sujeitar a nenhum padrão.

Eu lembro quanto eu fui julgada no nascimento da minha terceira filha, por eu ter saído do hospital *super maquiada* e bem arrumada. Mas eu estava me sentindo muito bem e não tinha razão de ser diferente daquilo, mesmo tendo acabado de parir uma criança.

As pessoas sempre irão julgar. Então, não ouça o que os outros dizem. Faça o que estiver em seu coração, mas faça por você. Não deixe de se arrumar. Dá trabalho? Dá, mas faça por você. Faça o que tiver que fazer para se sentir bonita quando você se olhar no espelho. E não esqueça, mesmo sendo mãe, mesmo tendo tantos papéis a serem desempenhados, você continuará sendo uma mulher incrível.

REFLEXÃO

Todos podemos entender a importância da autoestima na sexualidade. Se você está com problemas de autoestima e tudo o que você leu até agora não ajudou você a mudar pelo menos um dos seus pensamentos sobre si mesmo, é tempo de alerta! Não tenha medo de procurar ajuda de um profissional da psicologia. Será muito importante para você!

20 DICAS PARA AUMENTAR A SUA AUTOESTIMA:

1. **De frente ao espelho**: Pare, olhe para sua imagem no espelho e diga em voz alta elogios sobre você mesmo.

2. **Um tempo só para mim**: Tire um tempo do seu dia só para você! Assista a um filme, leia um livro, faça uma caminhada.

3. **Permita-se:** Faz tempo que você não come algo que gosta muito? Podemos ter o prazer de comer o que gostamos sem precisar descuidar totalmente da nossa saúde. Então, hoje, permita-se!

4. **Eleve a autoestima de alguém**: Escreva uma carta, compre um presente ou envie uma mensagem para alguém especial. Levantar a autoestima de alguém também faz a nossa melhorar!

5. **Agradeça:** Sempre temos do que reclamar, mas hoje é dia de agradecer. Liste 10 coisas pelas quais você é grato.

6. **Enalteça a sua beleza:** Vista a sua melhor roupa, arrume-se para você mesmo, nem que seja para ficar em casa.

7. **Orgulho de mim mesmo**: Do que você se orgulha? Reflita sobre a sua trajetória e faça uma lista das coisas sobre as quais você tem orgulho de si mesmo. Não deixe que o que dizem por aí defina quem você é!

8. **O que é mais importante?** Com quais das seguintes afirmações você se identifica mais: "O que é bom dura pouco", "Cada um só pensa em si mesmo", "Eu

detesto elogios". Anote e reflita sobre por que você se identifica mais com esta frase que escolheu.

9. **Tudo culpa da minha baixa autoestima**: Em quais situações vividas você consegue identificar que o seu comportamento foi causado pela sua baixa autoestima? O que você faria hoje diferente do que você fez naquela situação? Escreva!

10. **Quem me inspira**? Você tem alguém em quem se inspira? Quais características chamam a sua atenção? O que você tem feito para ir em busca das características que admira nessa pessoa?

11. **Mau humor contagia:** Pessoas que só reclamam, que fofocam, que tendem a ver o lado ruim das coisas, contaminam quem está ao redor e nem se dão conta. Se você é uma dessas pessoas, comece por vigiar seu hábito de reclamar. Se convive com alguém assim, tente se blindar, propositadamente, por uma semana para ver como ela reage.

12. **Pratique exercícios físicos com mais frequência**: Faça isso por você! Primeiro, porque os exercícios físicos têm o poder quase mágico de melhorar o bem-estar e o ânimo, graças à liberação de endorfina. Segundo, porque eles podem ter efeitos estéticos que, se monitorados, elevam a autoestima.

13. **Faça um *detox* de redes sociais**: As redes sociais são um prato cheio para a comparação, inveja e baixa autoestima. Não precisa se alienar, apenas reduza o tempo dedicado a isso na sua vida. Quer outra sugestão? Deixe de seguir pessoas que provoquem inveja em você. Diferenciando aqui, claro, inveja de admiração.

14. **Encontre um *hobby***: Dedique-se a alguma paixão, algo que deixe você feliz e sentindo-se completo.

15. **Eu sou incrível!** Apesar dos seus problemas, lembre-se que você é uma pessoa única, especial e valiosa. Pare de pensar coisas como: "Eu sou um perdedor", "Eu nunca faço nada certo", ou "Ninguém gosta de mim". Cultive pensamentos bons.

16. **Dormir? O que é isso?** Você dorme o suficiente? Após um dia de trabalho, a nossa energia diminui, por isso o descanso é importante. Dormir bem é um dos principais restauradores do corpo e da mente.

17. **Ninguém é perfeito!** A busca pela perfeição pode paralisar você. Por isso o perfeccionismo é um dos hábitos mais destrutivos que podemos cultivar. O receio de cometer erros nos transforma em pessoas infelizes e procrastinadoras e, consequentemente, a autoestima diminui. Não busque motivos para se diminuir: você com certeza é uma pessoa muito boa no que faz!

18. **Questione-se**: Pare e pense sobre o que você faz no seu dia a dia e se isso de fato é benéfico para a sua saúde física e mental. Crie o hábito de questionar seu comportamento e de mudar sua rota, para viver mais feliz.

19. **Escolha bem suas amizades**: Nossos relacionamentos também pesam em nossa autoestima. Por isso, escolha bem as pessoas com quem você divide seus dias.

20. **Quais são as suas metas?** Por último, mas não menos importante, construa metas alcançáveis, metas simples e de curto prazo, aumentando a sua autoconfiança e autoestima.

CAPÍTULO 7

Sexo saudável

Homem micro-ondas e mulher fogão a lenha: já ouviu essa expressão? O que isso significa? O homem é muito ligado por aquilo que ele vê. Conforme ele vai se desenvolvendo, vem o amadurecimento. Ele consegue controlar o olhar. Já as mulheres precisam de estímulo, de beijinhos no pescoço, de uma fala ao pé do ouvido, e muitas vezes de uma pia com a louça lavada.

Neste capítulo eu quero enfocar outro lado da vida sexual do casal e peço que você me acompanhe.

QUANTAS VEZES POR SEMANA AS PESSOAS TRANSAM?

Para a minha surpresa, em uma enquete que fiz numa das minhas redes sociais, cerca de trezentas pessoas responderam que praticam sexo de uma a duas vezes por semana. Mas o que mais chamou a minha atenção entre as respostas dadas pelas seguidoras na enquete não foi isso, mas as catorze pessoas que responderam que fazem sexos todos os dias. Algumas brincaram perguntando: "Qual é o remédio?", "O que faz?" ou "O que você toma?".

Nessa questão sexual, o fator hormonal é preponderante. Quem toma anticoncepcional, quem usa DIU Mirena, quem usa algum tipo de hormônio... todos esses são fatores que interferem na rotina sexual de um casal e, como vimos, são agentes que podem comprometer a libido.

Além disso, há os fatores intrínsecos, aqueles que estão ao nosso redor. Entre eles está a presença dos filhos, os problemas da vida profissional, o tipo de trabalho que realizamos, o estresse, todos esses são fatores que, quando somados, têm alto poder de prejudicar, de modificar, de alterar a libido das mulheres.

E, por último, temos o fator psicológico, que influencia e muito! Nessa categoria entra a questão da autoimagem, da autoestima e tantos outros pontos pelos quais já tratamos anteriormente.

Segundo os estudos, o fator psicológico é responsável por 85% da baixa libido das mulheres. Essa é uma taxa muito importante e que é preciso ser mais bem trabalhada.

Como mudar as coisas que fazem o relacionamento cair na rotina? Nós sabemos que é comum as pessoas se permitirem fazer sempre as mesmas coisas. Sejamos mais claros. Sabe aquele *tapinha no bumbum* que os recém-casados costumam dar? Sabe aquele *cheirinho no cangote*, aquele beijinho na boca antes de ir para o trabalho? Tudo isso faz muita diferença em nossa vida e em nossos relacionamentos.

Coisas assim, aparentemente insignificantes, dão um gostinho de "quero mais", uma sensação de "quero novamente" que aos poucos vai tornando a relação prazerosa e com prazer duradouro.

A gente tem filhos e aos poucos pode perder o costume de fazer essas brincadeiras com a pessoa amada, porque vira e mexe temos que atender o pedido do filho, ou ver se está tudo bem com ele. Mas temos que nos lembrar que o sexo não é um fardo, não é uma coisa ruim e queremos praticá-lo com o devido prazer que a relação a dois pode proporcionar.

Ao mesmo tempo, com todas as pessoas com quem eu converso, ouço dizer que, depois que começou foi bom, foi ótimo, isto é, depois que se propuseram a dar os primeiros passos fazendo essas pequenas coisas.

Então, na verdade, essa é uma questão que está em nosso subconsciente, e que leva as pessoas a pensarem: "Ah, vou fazer [sexo]. Eu poderia ir dormir, eu poderia ir descansar, eu poderia ir fazer outra coisa".

Por isso, para evitar situações assim, tentem tirar da sua frente tudo aquilo que, de um modo ou de outro, impede vocês de começarem uma nova rotina, aquilo que está implantado em seu subconsciente e passem a pensar sobre como o sexo pode trazer benefícios, como ele poderá trazer coisas boas e como o casal ficará mais unido. Quanto antes vocês praticarem isso — essa nova mentalidade e o sexo, propriamente dito, mais irão querer fazer se aprofundar nessa nova relação.

ORGASMOS MÚLTIPLOS

Há pessoas que não sabem o que é um orgasmo múltiplo, e não é vergonha alguma não saber do que se trata. Afinal, ninguém nasceu sabendo tudo sobre tema algum e, quando a gente se propõe a aprender sobre um determinado assunto, isso é libertador, transformador.

Orgasmo todos sabem o que que é. É uma sensação muito gostosa, a liberação do nosso corpo durante o ato sexual quando se chega ao clímax com o parceiro ou a parceira. Em uma frase, o orgasmo seria a fase alta de uma relação sexual.

Infelizmente, não são todas as mulheres que conseguem ter orgasmos múltiplos, embora eu já atendi alguns pacientes e sei de algumas seguidoras nas redes sociais que relataram que, depois de tanto insistirem, conseguiram ter o tal orgasmo múltiplo. Mas isso não era comum ouvir dizer. Se você já tentou e não conseguiu, não fique desesperada, pois está tudo bem.

Eu costumo dizer que o importante é não permitirmos que a chamada "rapidinha" em casa vire rotina, porque isso pode criar uma sensação de sexo por utilidade, não por prazer ou amor. Quem se propõe a ter uma relação sexual, faça com vontade. Quem não está com vontade, não faça. Quando a mulher não tem lubrificação, ela terá mais dificuldade e terá que usar um lubrificante para ajudar. A lubrificação traz benefícios para o corpo e para o ato em si.

Para se ter noção, o corpo humano produz hormônios como a ocitocina, a serotonina, a endorfina, e nós temos uma série de outros hormônios que circulam por nosso corpo durante a relação sexual e, evidentemente, em maiores quantidades durante a ocorrência do orgasmo. Esses hormônios circulam por nosso corpo durante até 72 horas. É uma onda de prazer que traz uma série de benefícios que não vale a pena deixar passar despercebido.

Aqueles que querem ter uma relação "rapidinha" para acabar logo, porque estão pensando no filho, porque estão pensando nos compromissos do dia seguinte, ou durante a quarentena em que encontram um milhão de coisas para fazer, estão desperdiçando o melhor do ato sexual e prejudicando a si mesmos e a relação que têm com a outra pessoa.

O que acontece quando não se tem vontade é encontrar desculpas para evitar o ato sexual. Mas, sendo o sexo algo maravilhoso, não sabote isso em sua vida. Quem se propõe a praticá-lo, faça isso bem-feito para se sentir bem e para usufruir o benefício natural que a liberação hormonal pode proporcionar.

Eu já disse que com um orgasmo a gente rejuvenesce, e ainda tem gente aí gastando muito dinheiro com cremes e tratamentos!

O orgasmo envolve todo o ato, desde as preliminares, as carícias, o ato e muita gente deixa de chegar a esse clímax por desconhecimento do próprio corpo. Eu chamo de uma arma poderosa dentro de casa, que toda mulher tem, e é conhecido como clitóris. O maravilhoso clitóris fica na parte superior da vulva.

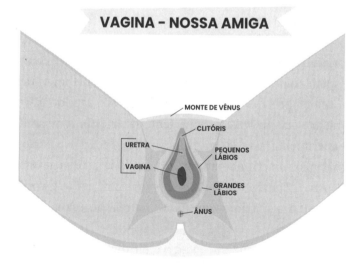

VAGINA – NOSSA AMIGA

Mas o que é possível ver é apenas uma parte dele, a pontinha que foi feita única e exclusivamente para que a gente chegue ao orgasmo.

Eu diria que Deus fez as mulheres com um órgão exclusivo para o prazer, pois a função do clitóris é dar o prazer feminino. Não existe outro motivo para ele existir. Para se ter uma noção, em alguns países de tradição arcaica e de costumes religiosos ultrapassados em relação ao nosso, quando as meninas completam 12 anos de idade, o clitóris é cortado para que a mulher nunca tenha prazer sexual quando for adulta, evitando que ela seja atraída para uma vida sexualmente prazerosa e fique submissa ao homem com quem ela se casará, muitas vezes por força e imposição da família. Aqui no Brasil ninguém pratica isso, mas, por outro lado, poucas mulheres se beneficiam do que ele pode nos dar ou ao menos sabem o que ele é.

Portanto, mulheres, explorem a possibilidade de ter orgasmos conhecendo melhor o seu corpo! Coloque um espelho diante de seu corpo para poder ver melhor onde o seu clitóris fica. Depois, peça para o seu marido estimular você ou você mesma tente fazer estímulos para experimentar os seus próprios limites. Faça a sua parte, mas não se permita permanecer tendo relações em que ocorra o começo, o meio e seja sem fim, em que você não sinta o máximo que uma boa relação sexual tem para oferecer.

É por isso que você já deve ter ouvido alguém dizer sobre o sexo que quantidade não tem nada a ver com qualidade. Mostre isso para o seu marido, para o seu parceiro, para que ele tome consciência de que não adianta transar todos os dias; o que importa, de verdade, é vocês dois sentirem prazer o máximo que puderem, é vocês dois estarem em sintonia para crescerem juntos nessa prática, com maturidade e cumplicidade, porque a única forma de nós, como casais, nos tornarmos um é durante a relação sexual. É ali, naquele ato, quando ocorre a penetração, que nos juntamos mais do que em qualquer outro momento e, assim, nos tornamos um. Daí a importância de o sexo ser bem feito e com consciência do que ele pode proporcionar a ambos. O sexo não é 100% responsável pelo sucesso no casamento, mas ele é muito importante.

E a questão do rejuvenescimento? Sim, é verdade. A gente fica mais jovem pela liberação hormonal que recebe no ato sexual. Endorfina, serotonina, ocitocina, que são os hormônios do prazer e que são liberados na relação sexual. De outro modo, somente quando praticamos atividade física esses hormônios fluirão por nosso corpo, não na mesma intensidade como o sexo. E eu irei um pouquinho além. Não é apenas a prática do sexo que faz a liberação desses hormônios, é preciso ter orgasmos para que ocorra a sua liberação.

Por isso, quem me acompanha sabe que sou totalmente contra as chamadas "rapidinhas", porque nas "rapidinhas" a mulher não obtém nenhum desses benefícios. Há casos, isso é sabido por todos, em que algumas mulheres acabam fingindo orgasmo, fingindo prazer, para poderem acabar logo com aquele momento; ao menos essa é a intenção de mulheres que fingem.

Depois de divulgar essas informações no meu perfil, algumas mulheres, principalmente mães, me procuraram dizendo: "Gabi, então eu *tô* frita!". E qual a razão de essas mulheres pensarem assim? Elas partem da ideia de que a maternidade envelhece, porque, depois de se tornarem mães, diminuíram as vezes que praticam sexo.

Mas acalmem os ânimos e pensem logicamente. Rejuvenesce? Rejuvenesce, mas nem por isso nós podemos colocar todos em uma bolha e querer que sejam iguais. Nem todas as mulheres estão aptas para o sexo muitas vezes na semana. Algumas só terão condições de manterem relação uma vez por semana, e nem por isso podemos nos esquecer que essa única vez pode ter mais qualidade do que as outras que têm quantidade.

O que eu quero dizer com tudo isso? Que você, que tem conseguido fazer uma vez por semana, não precisa se sentir diminuída ou prejudicada, porque é possível que esteja conseguindo extrair o melhor, mesmo sendo uma vez por semana.

Não pense nessa matemática do rejuvenescimento como algo milagroso, pois certamente ninguém ficará com a aparência radicalmente jovem apenas por ter dois, três ou mais orgasmos por semana. Mas considere que você não está se relacionando sexualmente, mas pode dormir abraçada, pode dar um beijo quando ele chegar, quando ele sair e essas pequenas coisas são feitas para não perder o contato físico, mesmo não tendo sexo quando sente vontade. Essa é a grande questão.

Muitos casamentos acabam, infelizmente, mas nenhum casamento chega ao fim da noite para o dia, nenhum relacionamento esfria de uma hora para a outra. O que permite que o relacionamento esfrie é o distanciamento entre as pessoas, é a perda daquilo que havia no começo, que é o encantamento pelo outro. Com o tempo, com os ruídos que invadem os relacionamentos, o que antes dava prazer acaba se tornando "um saco".

Então, se você não está conseguindo manter relações sexuais várias vezes por semana, procure não perder o contato físico, pois para isso não é preciso transar. Para ficarmos abraçados, não é preciso transar depois. Para darmos um beijinho de boa noite ou um beijinho de bom dia, não é preciso rolar sexo em seguida.

CINCO DICAS INFALÍVEIS PARA TER ORGASMOS MÚLTIPLOS

Eu espero que você, mulher, possa ter bons resultados com essas dicas, pois eu as considero um bom início, caso você queira sentir essa maravilha de sensação que são os orgasmos múltiplos. Então, vamos a elas!

Primeiro: concentre-se no desejo. Desejo não é uma coisa que brota como árvore, e você já deve saber isso. O desejo é algo que deve ser cultivado em nós. Há uma velha dica que eu costumo dar, de que você deve colocar o sexo como prioridade caso queira ter uma vida sexual plena. Se fizer isso, realmente poderá dizer que ele se tornará uma prioridade para você.

Quando a gente deixa passar despercebido que temos uma "vida sexual", não podemos esperar que ele se torne uma prioridade para nós. A partir de hoje, então, você irá escolher um dia na semana para começar a pensar mais nesse assunto, e irá falar mais sobre sexo, ler mais, querer mais, para que o desejo brote na sua mente. Combinado?

Para que você tenha mais vontade, é preciso fazer isso, porque não há como ter orgasmo se o principal, que é o desejo, a vontade de transar, não estiver em você. Então, pare o modo como as coisas têm acontecido até aqui, porque na sua relação, se você tiver um orgasmo, ajoelhe e agradeça, porque já terá mais do que muitas mulheres estão conseguindo. E a questão dos múltiplos realmente é mais difícil, por isso chamei de passo a passo, pois é uma caminhada até chegar a eles.

Segundo ponto: explore o seu corpo. Não há como ter um orgasmo se não conhecer as partes do próprio corpo, se não souber onde fica o clitóris e não souber quais são as sensações envolvidas nesse clímax. O nosso corpo tem muitos pontos de prazer, mas nós precisamos descobrir quais e onde estão todos esses pontos. Não basta ver onde estão, mas prestar atenção nas sensações que eles provocam. Cada vez que tiver uma sensação, guarde bem o ponto exato para poder explorar mais vezes.

Outro ponto importante para o orgasmo são as preliminares. Preliminares são fundamentais, e penso que não adianta começar o sexo direto com a penetração. Tente começar o sexo com um beijo, pois, como sabemos, o beijo é o termômetro do relacionamento.

Quarto ponto: use lubrificantes, se necessário. Não tem como a mulher querer que o pênis entre nela se ela não está lubrificada. Mas não se engane. Nem sempre a mulher que está com desejo está molhada, está lubrificada. Pessoas que usam anticoncepcional, pessoas que estão estressadas, cansadas, mulheres em processo de menopausa, e tantos outros processos próprios do corpo humano, além do uso contínuo de determinados medicamentos e ansiolíticos (para ansiedade), podem tirar a lubrificação. Então, não tem nada a ver faltar lubrificação e a pessoa pensar que não está com tesão, que não está com vontade. Se não estiver molhada, tudo certo, pois não será o uso de um lubrificante para ajudar a penetração que mudará a sua relação; pelo contrário, ele irá melhorar o sexo.

Por último: concentre-se nas suas sensações. Concentre-se no sexo. Entregue-se! Feche os olhos e vá com prazer, pois esse é o momento de vocês. Aproveitem!

INSATISFAÇÃO SEXUAL

Quem já teve a sensação de estar com insatisfação sexual? Esse é um tema ao qual os homens retornam. No entanto, são as mulheres quem mais perguntam sobre isso.

Os homens têm maior facilidade em ter satisfação sexual quando consideramos que chegam ao orgasmo com mais facilidade que as mulheres. Pode-se dizer que em praticamente toda relação eles conseguem isso, enquanto as mulheres não.

Então, quando tratamos da insatisfação sexual numa relação, devemos envolver o diálogo na solução do problema, diálogo que sempre tem sido a melhor escolha. Nós não podemos perder de vista que, para termos sexo com qualidade, um sexo bom, precisamos conversar sobre isso, o casal deve falar abertamente a respeito. Então, a primeira dica é: dialogar, chegar e conversar.

Alguns problemas dificultam e pioram a situação interna da relação, como ejaculação precoce (que tem tratamento) e o egoísmo masculino. Muitos homens, depois de ejacular, querem virar para o lado e dormir, enquanto ela fica olhando para o teto. Homens que enfrentam problemas como ejaculação precoce, problemas com ereção e outros problemas compreensíveis (afinal, ninguém é uma máquina automática), devem procurar um especialista, devem procurar serviço de ajuda, como um urologista ou um psicólogo se for esse o caso.

Um fator relevante a se considerar dentro dessa questão da insatisfação sexual (de que já falamos no contexto do orgasmo) é que boa parte das mulheres deixou entrar em sua casa a tal da "rapidinha". Esse tipo de recurso complica a vida da mulher, porque é muito difícil para a mulher chegar ao orgasmo num tempo muito curto.

O importante de uma relação sexual não é apenas chegar ao orgasmo, mas a conexão que ele propicia, é essa troca intensa e variada que existe entre vocês. Então, considere pensar o sexo como uma construção, não uma passagem, um instante fugaz.

Para que consigam superar essas coisas (diálogo e não deixar a tal "rapidinha" entrar na sua relação), quem decidiu fazer sexo precisa se entregar. Essa seria a terceira dica: não adianta ficar pensando na tia, na avó, na comida, no filho, quando o momento é de entrega e exige que seja assim, doar-se por completo. Por ser tão importante e por ser tão intenso é que acredito que muitas mulheres vivem uma vida sem a experiência de um orgasmo de verdade. A cabeça precisa estar ali, no ato, no outro, ou ela sentirá uma *baita* insatisfação se não conseguir a conexão necessária para que o melhor do sexo aconteça na experiência dela.

E por último, mas não menos importante, nós precisamos refletir: Como está a nossa vida sexual? Essa é uma pergunta que precisamos fazer um para o outro. Há pessoas que admitem sentir medo de fazer essa pergunta para ele e ouvir como resposta que tudo está muito ruim. Eu penso que, por pior que seja a resposta, para tudo haverá a possibilidade de mudança. Eu sei que as mudanças geram desconfortos, ou a possibilidade de a pessoa dizer algo que não queremos ouvir pode gerar um desconforto muito grande. Mas por outro lado temos que considerar, também, que para nós crescermos, para amadurecermos, para conquistarmos algumas coisas, temos que atravessar processos, tem que haver uma construção.

A vida é feita de ciclos e como é importante passarmos por todos os processos que nos levam ao amadurecimento! Não há como se tornar uma borboleta sem que a lagarta experimente a condição de lagarta; somente no processo ela se tornará uma linda borboleta. Não tem como uma flor chamar a atenção em um belo jardim se antes ela não for uma sementinha plantada em terra boa e regada por algum tempo.

Insatisfação sexual é algo que acontece, mas precisamos conversar com o parceiro, e resolver o que está impedindo você, ele ou ambos de chegarem ao máximo potencial do sexo. Quantidade, repito, não tem a ver com qualidade. Fazer sexo todos os dias e não sentir nada não é o ideal.

O importante é haver troca; o casal deve estar cada vez mais unido e mais conectado. Não permita que a insatisfação permaneça entre vocês, porque a mulher precisa sentir prazer tanto quanto o homem. O prazer não é propriedade masculina, como muitas mulheres reclamam para mim. O prazer é do casal, portanto batalhe por isso, lute para que ambos sejam realizados e tenham plena satisfação sexual em seu relacionamento.

BOM DE CAMA

Vocês já devem ter ouvido a expressão "bom de cama". E o que que vem à sua mente quando a lê aqui? Bom de cama *para dormir*? Você dorme muito? Não, geralmente se pensa no outro lado da história e eu quero trocar uma ideia para tentar desmistificar, mudar o que se pensa a respeito da ideia de uma pessoa ser boa de cama.

Na verdade, uma pessoa que é boa de cama é a aquela que consegue enxergar o seu próprio valor. Quando pensamos nesse assunto, achamos que essa pessoa serve, faz tudo. Mas será que realmente o sentido da expressão é esse? Ou o sentido da expressão é chamar a atenção para que você, pense a respeito do seu prazer na sexualidade? Eu quero levar você a pensar sobre o assunto.

Quando se pensa em ser boa de cama, pode ser que a expressão esteja no sentido pejorativo, daquela pessoa que faz tudo e mais um pouco quando o assunto é sexo. Mas o que eu gostaria de considerar é que na minha reflexão sobre ser bom de cama, no modo como eu vejo a questão, cada pessoa tem um olhar particular sobre o assunto, sobre os temas envolvidos nessa concepção.

Ser boa é quando ela, como mulher, enxerga a sexualidade com os benefícios todos, com tudo o que ela poderá usufruir de coisas boas a seu favor, não só a favor do outro.

Na sociedade machista em que vivemos, eu não quero levantar nenhuma bandeira para desafiar esse jeito de ser; apenas quero mudar o foco da questão e chamar a sua atenção, mulher, para o fato de que, durante muito tempo, a gente não parou para refletir sobre a nossa sexualidade.

Achávamos que a mulher não precisava ter prazer na relação sexual. Há muitas mulheres que ainda pensam que o prazer no sexo está mais relacionado ao homem, daí a minha intenção ser desmistificar esse engano, que o ser boa na cama é a mulher entender todos os benefícios que ela terá com esse ato, especialmente tendo direito a chegar ao orgasmo sempre que possível.

Então, nem que seja uma vez por semana, eu gostaria que você encarasse o sexo de uma maneira diferente, como a possibilidade de sentir toda a felicidade que o envolve, em função da liberação hormonal absurda que acontece. Passe a considerar "boa na cama" a mulher que você é, autêntica, verdadeira e informada, que percebe o ato sexual como uma construção em dupla, não uma competição contra o outro ou em função do benefício exclusivo de outra pessoa.

Precisamos amar a pessoa com quem nos relacionamos? Sim, mas também precisamos encontrar o nosso amor-próprio, antes de qualquer coisa. Alguém já disse que é impossível amar o outro se não amarmos a nós mesmas. O amor-próprio, visto assim, se torna mais difícil de sentir do que as simples palavras podem fazer parecer.

O amor-próprio é um encontro e você precisa encontrá-lo. Dá trabalho, mas valerá muito a pena.

HOMEM BOM DE CAMA

Vamos começar com essa parte falando do homem bom de cama. Um homem bom de cama é aquele que sabe dar valor a uma mulher, aquele que entende que a mulher funciona de uma forma diferente do homem, aquele que entende que ser bom de cama é não olhar somente para si mesmo, mas também para aquela que ele se relaciona. O homem bom de cama é aquele que exerce a empatia e a doação, que não se preocupa somente com o seu prazer, mas que se preocupa com o que essa mulher sente, como ela se sente.

O homem bom de cama de verdade é aquele que se preocupa com o prazer da parceira. A gente sabe que, infelizmente, nem sempre todos saem satisfeitos de um momento íntimo. Como profissional, na experiência que tenho em consultório, eu gostaria de dizer que isso não acontece, mas acontece e não é pouco. Precisamos entender que o prazer é algo para ser usufruído entre o casal. Algumas mulheres falam que demorar muito para gozar e o parceiro desiste, ou ela mesmo desiste percebendo a impaciência do outro. Em um relacionamento saudável, vemos um homem que se preocupa, que tenta de novo ou de outras formas até que a mulher também esteja satisfeita. Isso define um homem bom de cama. É a doação e empatia falando mais alto.

Outro ponto essencial que precisamos avaliar é o antes, já falei isso aqui no livro algumas vezes, o sexo começa no bom dia. Como foi o nosso dia vai ser um fator determinante para como vai ser o durante e até o depois do sexo. Infelizmente, sabemos que na fase de resolução, pós sexo, a maioria dos homens, por conta da queda hormonal, tem vontade de dormir e as mulheres muitas vezes não se sentem amadas, não se sentem protegidas.

É muito importante que você, homem, entenda a importância de não apenas chegar em casa e ir tocando nas partes íntimas de sua companheira achando que dessa forma você a está estimulando. Muitas vezes você vai estimular muito mais ajudando ela com a rotina da casa, mandando uma mensagem durante o dia falando que ela é importante para você. São fatores muito simples que você pode incluir no seu dia a dia, nem que precise colocar o celular para lembrar você: hoje, 9 da manhã, mandar uma mensagem dizendo que ela é importante para mim. Às vezes, no início é preciso colocar o alerta, depois isso vai se tornar algo frequente, tranquilo, vai acontecer espontaneamente.

Também precisamos entender e desmistificar algumas coisas. A maioria dos homens aprendeu a educação sexual baseada na pornografia. Na pornografia não existe preliminar, não existe mulher que não queira sempre, não existe mulher cansada, não existe mulher que tenha uma vida fora daquela realidade. Na vida cotidiana sabemos que a realidade é bem diferente.

Estou aqui para estimular você homem. E mulher, pegue esse trecho do livro e dê para o seu marido ler. A gente precisa entender que um homem bom de cama é aquele que se coloca no lugar da sua mulher. Quando falo de empatia, que é se colocar no lugar do outro, não é só de fazer de conta, é fazer isso de verdade.

Eu gostaria também de avaliar alguns outros pontos. Primeiramente, a questão da rapidinha. Sabemos que uma vez ou outra, dependendo de como é a relação de vocês e de como vocês estão, vale uma rapidinha, não tem problema algum. O problema é quando a rapidinha se torna rotina, algo comum, que acontece com frequência. Na rapidinha, se a mulher estiver com muito desejo ela vai conseguir chegar ao orgasmo, mas se for uma rapidinha constante e sem preliminar, dificilmente essa mulher vai conseguir. Às vezes ela finge um orgasmo para poder satisfazer seu marido. A rapidinha, então, é um adendo que faço aqui, um assunto muito importante para refletirmos. Conversem, olhem olho no olho, para saber se está realmente tendo prazer, para saber se de fato tem envolvimento e se o outro está mesmo conseguindo chegar ao orgasmo.

Outro ponto é sobre a autoestima e autoconhecimento masculino. Sabemos que as mulheres estão sempre em busca do autoconhecimento, sabem da importância de olhar para si. Mas aos homens ninguém ensina esse tipo de coisa; ninguém fala sobre isso. É muito importante que você olhe para o seu órgão sexual com olhar de amor, com olhar de cuidado; não com o olhar que muitas vezes a sociedade ensina. A questão da virilidade, da masculinidade, muito envolto na potência, na quantidade de mulheres este homem já transou não tem nada a ver com isso.

A questão da autoestima tem que estar baseada no que você é, no homem que você é, no pai que você é. Você, homem, precisa fazer esse resgate interno. Você é muito mais do que um corpo sarado ou um pênis bem-dotado, ou não. Você é alguém que é amado. Quando faço palestra para homem, falo da importância de lembrar que sempre que a gente sai de casa, tem alguém nos esperando na volta e se você não fez sua parte de cuidar da sua saúde, ter amor pela sua própria vida, demonstra amor por essas pessoas que estão esperando você em casa. É muito importando que os homens também façam um checkup anualmente, que se consultem com um urologista, ou um clínico geral, caso ainda haja algum receio com o médico especialista da saúde do homem.

Se você não quer se cuidar por você, faça pelos seus. A gente precisa entender a importância que nós temos na nossa casa. Se ninguém disse isso para você homem, saiba que você tem um papel fundamental na sua casa, você é muito importante para a sua esposa, você é muito importante para os seus filhos. A autoestima é o seu encontro interno, é um olhar para dentro de si, não tem nada a ver com a carcaça externa. Muita gente adora falar que a autoestima tem a ver com peso, mas não, a autoestima é você olhar para você mesmo com olhar de amor, de bondade, é encontrar seus valores, encontrar a sua importância dentro da sua casa.

FALANDO SOBRE SEXO

Por que é tão difícil falar de sexualidade? Por que esse assunto ainda é tabu em pleno século XXI? Veem cenas de sexo explícito em filmes, em novelas, em séries. Em casa, a gente se dispõe a assistir com o Henrique, meu filho mais velho, a algum filme com classificação faixa etária de 10 anos e, do nada, aparece uma cena de sexo. Quem permite que isso aconteça? O que passa pela cabeça de uma pessoa que elabora ou autoriza essa situação? Porque me parece estar tudo tão acelerado por aí, já que nas rodas de conversa o assunto das pessoas ao meu redor tudo ainda parece ser tão arcaico! Em que mundo aquelas pessoas vivem?

Vejo que as pessoas se esquivam, não querem falar sobre sexualidade. Se há uma roda de adolescentes e tem mães por perto, todo mundo morre de vergonha de tocar no assunto. Se a criança faz algum tipo de pergunta relacionada à sexualidade, todos parecem ter mil ataques de infarto.

Mas individualmente, cada um tem uma opinião formada sobre o tema. Como profissional, eu quero lançar alguma luz sobre o assunto e fazer uma pergunta muito básica. Você teve educação sexual na sua casa? Seus pais costumavam conversar com você sobre o assunto? Como você lidou com esse assunto quando começaram as dúvidas?

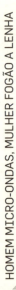

Os estudos dizem que mais de 80% das pessoas não tiveram educação sexual e boa parte delas aprendeu com a vida, com os amigos, com a literatura, mas não com algum adulto em sua família.

Não é por eu não ter tido educação sexual que não quero que meu filho tenha. Eu não vou deixar de dar educação sexual para meu filho porque eu mesma não tive. Eu entendo que é um assunto complexo, é um assunto difícil e a maioria das pessoas não tem facilidade nem conhecimento para falar sobre ele. Tudo bem, eu entendo que isso aconteça e é por essa razão que existem profissionais como eu.

Eu não atendo homens, pois o meu público-alvo são mulheres e casais, mas eu já atendi alguns homens que trouxeram queixas sobre as suas esposas. Então, a minha experiência foi válida, porque como a minha missão de vida é ajudar mulheres, o que eu ouvi acabou contribuindo para ajudá-las, e foi o que eu fiz.

Mas não era para ser assim, não era para eles me procurarem. Elas é que deveriam vir a mim, especialmente devido à forma como fomos criadas, à forma como fomos educadas. Ainda hoje a sexualidade é um assunto reprimido, um assunto difícil de ser conversado e discutido abertamente. Eu quero encorajar você a se abrir e a falar mais sobre isso.

Os relacionamentos se transformam e ficam cada vez melhores quando a gente dialoga, quando a gente o leva para a cama, para conversar, mesmo após uma relação sexual, tenha sido ela boa ou não. Falamos sobre *performance*, fazemos perguntas, mesmo as perguntas difíceis, pois ali estamos mais abertos e despidos (literal e figurativamente). Nós precisamos conversar mais sobre sexualidade, nos abrir e falar sobre a nossa sexualidade a cada dia.

Você, mulher, como está a sua sexualidade? Está legal? Está ruim? Não está boa? Como está a libido? Muito de como estamos vivendo a nossa sexualidade reflete sobre a forma como vemos, como enxergamos o assunto. Se durante a vida toda você encarou o assunto como uma coisa ruim, quando chegou a fase adulta, mesmo no seu matrimônio, com seu companheiro, você continuará encarando dessa forma, porque foi formada com esse tipo de pensamento que não corresponde à realidade.

Muitas mulheres têm problemas relacionados à libido, mas isso não está, necessariamente, relacionado à falta de hormônios, nem à maternidade, mas à maneira como elas ainda enxergam a sexualidade. Por isso, informação pode ser o remédio inicial a ser tomado. Quando você vir um livro que traga na capa algo sobre sexo, sobre sexualidade, não faça cara feia, não vire o rosto: compre e leia, estude um pouco mais sobre o assunto e procure resolver parte dos seus problemas com boa informação.

DESCULPAS

Quando a gente inventa uma desculpa, a gente está inventando uma desculpa para quê? Entendendo os benefícios que o sexo nos proporciona, não veremos o sexo como uma coisa enfadonha e cansativa jamais.

Em nossa mente, no inconsciente, em certas fases da vida pensamos que o sexo é uma coisa cansativa. Então, já não nos sentimos aptas para fazer isso e acabamos nos sentindo cansadas antecipadamente. Precisamos colocar em nossa mente que o sexo tem o lado positivo, o lado bom, mesmo quando estamos cansadas. Pare de pensar que o sexo é uma coisa cansativa e entediante e procure entender os benefícios que o prazer pode proporcionar a você.

Quando você mente dando desculpas, você mente para quem? Essa é a pergunta que não quer calar. De uma vez por todas, não minta! De uma vez por todas, não faça uma "rapidinha", porque, quando você faz "rapidinhas", só você sai perdendo. Estar ali fingindo e não estar sentindo absolutamente nada, faz você perder o seu tempo literal e inutilmente.

Se for para praticar sexo, então esteja ali por inteira, dê seu melhor e os benefícios ficarão circulando por seu corpo por horas. Quando a gente tem um orgasmo, os hormônios da felicidade nos proporcionam bom humor, a gente dorme melhor, a gente se relaciona melhor, e tudo fica muito melhor. Faça o favor de "virar essa chavezinha", e veja como o sexo é algo bom. Pare de mentir, pois você está mentindo para você mesma.

QUANTIDADE X QUALIDADE

Com certeza se tratando de sexo e, claro, de muitas coisas na nossa vida, qualidade será sempre melhor escolha em relação à quantidade. A gente precisa entender que para a qualidade no sexo acontecer, além de eu me entregar completamente e estar 100% ali fazendo, eu preciso pensar em tudo que envolve essa relação sexual.

Ou seja, é muito importante falar sobre a questão das preliminares.

Para você, homem, nada melhor do que começar uma relação sexual cooperando com sua esposa, a mãe de seus filhos, a lavar uma louça, a estender uma roupa, a fazer alguma coisa em casa que vá ajudá-la a se desafogar dos seus afazeres e ter mais energia para você. Casal que faz as coisas juntos tem muito mais tempo para depois.

Atendi um casal cujo grande problema era ela não se conformar que ele a chamou para uma conversa e disse que queria o divórcio. O motivo era simplesmente porque ele não queria mais o casamento, e a justificativa era a falta de sexo.

Eles tinham dois filhos pequenos. Ele veio de uma família em que ele é filho único. Os pais dele nunca o deixaram fazer nada sozinho. Aí, temos que contextualizar e entender a história de cada um, já que ninguém é como é por acaso. Ela, por sua vez, tinha uma história bem difícil. Começamos a conversar, e eu disse para ela: "Já apresentou para ele as suas necessidades?". Ela disse: "Ele tem que fazer... ele tem que saber... porque na minha casa, nunca ninguém me pediu, nunca precisaram pedir". Foi nesse momento que comecei a explicar para ela que nós temos que entender as diferenças, não somos iguais, cada um vem de uma família e entende as coisas de formas diferentes.

Resumindo, eu nem cheguei a consultar os dois. A consulta seguinte seria com os dois, mas a primeira foi com ela sozinha. Gosto de fazer a primeira só com a mulher para entender o caso, de mulher para mulher. Com elas, dá para ter o contexto da vida do casal. Naquele dia, ela chegou em casa e abriu o jogo para ele: "Hoje estou me sentindo cansada, nós temos dois filhos e você não me ajuda. Eu acho que fez muito sentido o que a sexóloga falou, que se você colaborar mais em casa, vai sobrar mais tempo, mais disposição para mim". A partir de então, ele mudou completamente.

Eu digo para os homens participarem ativamente das tarefas da casa, pois muitas vezes eles querem, mas não sabem o que fazer. Algumas mulheres, por sua vez, que pensam que, como ninguém os ensinou, eles devem aprender sozinhos. Aí, voltamos ao que eu sempre repito: o diálogo salva relacionamentos.

É muito importante para você que está lendo, seja homem ou mulher, entender que, se você fizer uma vez na semana, mas fizer muito bem, o efeito com toda a liberação hormonal que a gente tem direito: a ocitocina, endorfinas, serotonina, que são os hormônios da felicidade que o sexo nos proporciona, com certeza, essa conexão, toda essa liberação vai ficar até 72 horas, até 3 dias circulando nesse corpo.

Quantas vezes é preciso fazer para ser considerado um casal normal? Até que ponto, mais uma vez trabalhando com a comparação, a gente precisa pensar dessa forma? O que é normal? Não existe normal quando se trata de realidades diferentes. Cada casal monta sua realidade, cada pessoa conta a sua história. Não permita que outras pessoas, de outras histórias, entrem na sua história. Pense nisso.

Qualidade é sempre muito mais importante no sexo que quantidade.

POR QUE A MULHER NÃO PROCURA O HOMEM?

Há várias teorias ou respostas dadas para esta pergunta, mas eu acredito que a primeira resposta da lista deveria ser que essa dificuldade está no fato de as mulheres pensarem que, se procurarem, elas serão vistas como "oferecidas", e que não estão se dando o devido valor. Ao menos é o que percebo pelas pessoas que atendo e as que ouço falarem sobre isso. Mas será que em um relacionamento sério é bom quando só um procura e o outro não?

Reflita sobre isso. Procure ver essa situação de uma visão diferente. Não é oferecida a mulher que procura o seu marido ou parceiro, porque ela não está pensando somente em sexo; ela o está convidando a se relacionar; está convidando a pessoa a quem ela ama para ter uma noite de amor, que incluirá fazer sexo.

Mais uma vez eu penso que nisso há a questão cultural, de que o homem tem que tomar iniciativa, o homem que tem de procurar, o homem tem que dar o primeiro passo. A gente precisa romper isso nos nossos relacionamentos, precisamos desmistificar esse mal na nossa própria cabeça — principalmente as mulheres — porque esse é um tipo de coisa que ninguém ensina, que ninguém comenta, mas que "naturalmente" se espera que aconteça. E as mulheres acabam sujeitas a essa expectativa e se prejudicam por conta de algo que não corresponde à realidade — achar que o homem tem que dar o primeiro passo.

Vivi uma história muito engraçada num atendimento. A paciente tinha dez anos de casada e marcou a consulta porque ela não tinha vontade sexual e também não conseguia procurar pelo marido e queria acabar com essas situações.

Eu a incentivei a comprar *lingerie*, preparar o quarto, colocar uma vela, pétalas, enfim, preparar o clima. Como ela mesma diz, ela "criou coragem e fez".

Imagine a situação. Ela nunca procurou o marido em dez anos. Do nada, ele chega em casa, ela está vestida de *lingerie* nova, tudo arrumado de forma a demonstrar que haveria uma relação sexual. Ela conta que ele colocou a mão no peito e "começou:" "Meu Deus! Ai, meu Deus! Ai, meu Deus!". Ela veio à consulta seguinte muito afinada me contando: "Foi o máximo", mas por um momento ela achou que ia ficar viúva, tamanho foi o susto dele. Essa sensação de ser procurado, desejado, é muito boa e por que não proporcionar isso ao outro?

Outro mal que esse pensamento provoca é visto no fato de que hoje muitos homens não estão se sentindo amados, sentem que o seu relacionamento é diferente, percebem que a coisa segue de uma forma estranha, tudo por causa desse mal-entendido. Quando começamos o namoro, no começo da relação, a gente sempre quer surpreender, sempre tentamos encontrar alternativas para o sexo ficar diferente e, depois de um tempo, especialmente no casamento, acabamos indo parar na mesmice e as coisas caem numa rotina nociva. Todos os dois já sabem como aquele ato sexual vai irá começar, como ele será durante e como ele terminará. Isso não é legal. A gente precisa sempre procurar algo novo, inovar, surpreender.

A questão da procura surte um efeito na mente dos homens, do tipo: "Eu sou atraente, ela me deseja". Algo interessante nos casos em que a mulher procura o homem tem a ver com o fato de que ele sempre está sendo estimulado; os amigos conversam sobre isso, eles recebem vídeos que outros homens enviam, as brincadeiras masculinas em geral giram em torno de sexo, de modo que a mente deles está constantemente pensando ou sendo estimulada por assuntos sobre o sexo.

Se a gente parar para comparar, veremos que as mulheres não são assim; não têm o hábito de fazer isso, de ficar conversando e de ficar enviando vídeos, fotos e tudo mais. Existem umas bobeiras, uns memes, algumas coisas assim, mas não é rotina para as mulheres, enquanto para os homens isso parece ser parte da rotina deles. Daí um dos motivos para eles procurarem mais.

Assim, eu penso que é muito importante que a mulher priorize, que coloque a questão do sexo como prioridade no seu relacionamento, porque certamente colherá os frutos.

MULHERES E A DIFICULDADE DE CHEGAR AO ORGASMO

Estudos dizem que 80% das mulheres têm dificuldade de chegar ao orgasmo. Isso é preocupante, uma vez que vimos a importância e os benefícios que esse clímax pode dar para a vida física e emocional da pessoa.

Como há essa dificuldade em um número tão grande de mulheres, eu fui em busca dos principais motivos dessa dificuldade, segundo as pesquisas. E vou listar alguns:

- **Cansaço.** A razão do cansaço existe no caso das mulheres principalmente porque a rotina materna ou profissional (nesse caso, até mesmo para aquelas que não são mães) é puxada. Devido às jornadas múltiplas (profissão, maternidade, deveres em casa etc.), as mulheres enfrentam uma jornada um pouco mais complicada do que os homens. Sendo assim, o cansaço nos rouba a oportunidade de se entregarem ao prazer. Por favor, divida as tarefas, peça ajuda, converse com o seu marido. Com certeza ele a ajudará e isso aliviará um pouco o seu fardo, facilitando o caminho do orgasmo, pois você merece.

- **Baixa autoestima.** Se a mulher não está feliz consigo, se ela não está feliz da forma como se vê, seguramente ela terá dificuldades de chegar ao orgasmo.

Isso porque a pessoa acabará pensando que ele ficará observando o seu corpo, ficará olhando para a sua barriga e, como a mulher não gosto dela, ela ficará inibida com essa situação. Elas pensam que o homem olha para o seu seio e não gosta, ele olha para o corpo dela a acha que está gorda, ela pensa que as suas estrias aparecem demais, as celulites e por aí vai. Gente, o homem não enxerga nada disso, a menos que a gente mostre, porque isso não tem nada a ver com ele, com a pessoa com quem você está.

É importante colocar isso na cabeça, entender e tomar consciência de que o espelho não pode dizer quem você é. Na verdade, você tem que estar muito acima dessas questões, tem que se enxergar além da imagem no espelho, porque as mulheres não são apenas aquela carcaça. A mulher tem um coração, são seres relacionais, que têm muitas outras qualidades e não têm só um corpo para apresentar.

- **Falta de autoconhecimento.** Segundo as pesquisas essa é a causa número 1 para a dificuldade de as mulheres gozarem e conseguirem chegar ao orgasmo. Eu já dei um exemplo do efeito da falta de autoconhecimento. Se a mulher não sabe nem onde fica o seu clitóris, não conseguirá reconhecer os seus pontos de prazer e será muito difícil que ela consiga ter prazer numa relação. Por isso, informe-se!

- **Ansiedade.** Algumas mulheres querem tanto chegar ao orgasmo, querem tanto gozar, que acabam gerando uma ansiedade enorme. Daí, tudo o que gera desconforto acaba tirando o lugar do verdadeiro foco. Isso é um problema até para outras áreas de nossa vida. Por isso eu disse antes: se entregue! Eu achei o máximo e ri muito um dia quando fui a um lugar, uma pessoa olhou para mim e disse: "Cara, eu estava transando com meu marido eu lembrei de *ti* e fiquei só pensando: 'Relaxa, relaxa, relaxa...' ". Eu achei o máximo! Claro que eu não queria estar presente naquele momento, nem no pensamento daquela mulher num momento daqueles, mas confesso que achei o máximo ser lembrada por isso. É isso aí! É para vocês se lembrarem e colocarem em prática essas dicas.

Outra coisa importante que interfere no atingimento do orgasmo das mulheres e que eu deixei por último, porque realmente precisa de uma explicação legal é:

- **Insatisfação profissional.** Quem me conhece bem sabe que eu amo aquilo que faço, eu amo ser enfermeira, por exemplo. Mas, a partir do momento (se ele vier a existir) que eu não me sentir valorizada por aquilo que eu estiver fazendo, eu serei a primeira a virar as costas e procurar outra coisa para fazer.

Eu entendo que nem todos podem ser como eu, infelizmente. E percebo que tem muita gente que passa a vida inteira insatisfeita com aquilo que faz e acaba levando essa insatisfação e a tristeza que a acompanha para a vida pessoal, e isso respinga no relacionamento amoroso, no relacionamento com os filhos, com as demais pessoas da sua rede de amizades e com a própria autoestima.

Quando a gente não está feliz, quando a gente não está satisfeita profissionalmente, infelizmente acabamos perdendo o prazer em tudo mais que nos propusemos a fazer. Se eu dou o meu melhor no trabalho onde estou, eu me relaciono com as pessoas naquele lugar, eu tento fazer o que eu posso e não sou reconhecida, é esperado que aí ao chegar em casa irei descontar nas pessoas que eu mais amo.

Então, se você está insatisfeita profissionalmente, reveja a possibilidade de mudanças já e se reinvente! Faça uma nova faculdade, faça uma pós-graduação, tente uma nova área de trabalho, comece outra carreira. Nem que seja para ganhar menos, seja feliz naquilo que você faz, porque, quando a gente é infeliz, deixamos outras pessoas infelizes.

E, com tudo isso, o que eu quero dizer? Sabe qual o problema quando a mulher não consegue chegar ao pleno prazer? Os estudos dizem que ela tenta achar um culpado. Então, ela achará que o *cara* com quem ela se relaciona não gosta mais dela, que o casamento está acabando, achará que ele deve ter outra, que ele não faz nada para dar prazer a ela, e por aí vai.

Mas não existem culpados. Existe falta de diálogo, porque, se o homem está pensando só no prazer dele, vocês precisam conversar. São duas pessoas se relacionando e as duas têm que chegar ao prazer.

Então, meus amores, não aceitem uma situação dessas. Você transou uma vez na semana, mas que nesta única vez você chegue ao orgasmo, você consiga obter todos os benefícios que o orgasmo pode dar, que é aquela liberação hormonal preciosíssima, essa coisa gostosa da qual temos direito.

PASSO A PASSO PARA O ORGASMO

Dar um passo a passo para orgasmo é muito difícil, nós sabemos. Essa é uma questão muito particular. Mas eu acho interessante poder falar um pouquinho mais sobre a questão do autoconhecimento. Quando eu menciono autoconhecimento, não estou falando em masturbação, mas em tocar e explorar o próprio corpo.

Para a mulher que nunca viu um clítoris, novamente recomenda-se que pegue um espelho pequeno e descubra isso. Veja onde fica o seu, conheça-se! O clítoris tem uma *partezinha* lateral e pode ser comparado ao pênis na questão da função e até no formato (embora bem menor). O clítoris seria como o pênis feminino.

Nós temos, logo na parte abaixo do clítoris, o bulbo, que fica na vulva da vagina. Ao encontrar o seu clítoris, veja onde está a uretra, que é o buraquinho por onde sai o xixi. Ele fica logo abaixo do clítoris. Depois, veja a vagina, que é por onde o pênis penetra e por onde sai a menstruação. Em seguida, logo abaixo, você verá o ânus, que é por onde saem as fezes. Tente fazer isso. É libertador sabermos cada *partezinha* do nosso corpo!

Há muitas mulheres que colocam a culpa nos maridos, nos homens, pela falta de prazer, mas nem elas sabem onde fica o seu clítoris!

Você tem parado para prestar atenção nas suas zonas erógenas? Nós as temos espalhadas pelo corpo inteiro. Há quem me pergunte como saber se tiveram um orgasmo. Se você não sabe, significa que você ainda não teve, porque é uma sensação muito difícil de não ser identificada — até um tempo atrás era um conceito que eu tinha bem definido. Hoje, penso que a falta da educação sexual permitiu que muitas mulheres vivessem anos sem saber o que realmente é ou se já experimentaram.

Mas, para a mulher que ainda não sabe, o orgasmo tem a possibilidade de ser identificado, além da maravilhosa sensação que ele dá. Durante o orgasmo, a boca fica seca, aumenta a nossa frequência cardíaca, os grandes lábios da vagina aumentam de tamanho, há o aumento do clitóris, aumenta o tamanho dos seios, por exemplo. É uma modificação completa que acontece no corpo, e até a perna enfraquece e, às vezes, tem-se a sensação de desmaio. Há pessoas que sentem muito sono ou tonturas, sentem uma tremedeira intensa no corpo. Nós sabemos como é a parte técnica, científica, daquilo que acontece no corpo, só que cada pessoa pode sentir um efeito diferente, muito particular mesmo.

O passo a passo, então, seria: conheça o seu corpo, converse com quem você se relaciona, olhe para a sua vagina com um espelho e descubra-se. Todos devem conhecer o próprio corpo, cada um deve ser a pessoa mais interessada em conhecer o seu corpo e conversar sobre ele.

OITO DICAS PODEROSAS PARA DEIXAR O SEXO MAIS PRAZEROSO

É muito comum as pessoas virem a mim tirar dúvidas sobre como melhorar o sexo, como sair da rotina, como deixar as coisas diferentes. Para que esse interesse surta algum efeito positivo, que todos nós queremos, é importante começarmos dizendo que isso é do interesse do homem e também da mulher. Portanto, unam-se!

Primeiramente, melhore a intimidade entre vocês. Está cada vez mais comum as pessoas não se interessarem o mínimo possível umas pelas outras. Isso reflete nos nossos relacionamentos íntimos. Não querem saber como foi o dia do outro, não se importam com coisas básicas. E o que torna o relacionamento mais gostoso, o que nos aproxima, o que nos deixa mais íntimos, é precisamente a questão da intimidade que pode ser demonstrada pelo interesse mútuo.

Quebre essas barreiras, não considere intimidade somente o momento da cama. A intimidade do casal deve começar fora da cama, no dia a dia, nas atividades rotineiras. Chegou? Abrace, beije, faça carinho, veja filmes juntinhos, durmam de conchinha, ainda que não vá *rolar* sexo; coisas muito pequenas fazem muita diferença.

Segundo ponto: respeitem as fases do seu ciclo sexual. Parem de querer pular etapas do ato sexual ou, se já estão pulando etapas, quando mal começou o ato já está acontecendo ejaculação, isso não é normal, isso não está certo. É preciso procurar ajuda. E mulheres: parem de focar em chegar ao orgasmo e se esquecer do meio do caminho. Faz o que no meio do caminho? Ficar só focada numa coisa e acabar não vivenciando as outras fases do ciclo sexual que também são gostosas e prazerosas.

Terceiro ponto: torne-se responsável pelo seu prazer. Pare de ficar jogando no outro a culpa por você não ter o pleno prazer. O que você tem feito em benefício próprio? Quanto você tem lido para se informar melhor? Quanto você tem estudado? Você sabe quais são as suas zonas erógenas? Você presta atenção durante o sexo em quais são as respostas que o seu corpo dá?

Quarta dica: instale o *sex day* eficiente. Separe o dia de vocês. Envolva-se, pense a respeito, coloque isso como prioridade e, com certeza, todo o resto começará a se movimentar a seu favor.

Quinta dica: apegue-se ao relacionamento e não somente ao orgasmo. Você deverá olhar o conjunto da obra ao invés de focar só numa coisa: no sexo que você está fazendo, no seu prazer. Você deve focar em outros aspectos além da sua individualidade. Concentrem-se no outro, olho no olho. O que é importante para ele, o que é importante para você, e não se esqueçam de que o sexo começa no "Bom dia!", não diretamente na cama, como muita gente imagina.

Sexo não é só penetração. Muita gente ainda fica preso a essa ideia, mas saiba que é possível ter prazer, gozar de outra forma. Se você já consegue isso, aproveite a forma como você consegue chegar ao clímax de uma relação sexual.

Outro ponto que merece a nossa atenção é a posição sexual. Por que ela tem que ser sempre a mesma? Vamos entender que, no sexo, a gente tem que inovar, fazer coisas diferentes, usar a criatividade. Vamos acabar com a mesmice, vamos nos movimentar!

Às vezes os homens querem inovar, mas as mulheres não permitem; às vezes é a mulher que queria fazer alguma coisa diferente, mas o homem não entende. Portanto, vocês dois, vamos melhorar essa mente, pois isso também é gostoso!

Para o sexo se tornar mais prazeroso, considere também abraçar e beijar como coisas gostosas de fazer. O beijo, repito, é o termômetro do relacionamento.

Se não está rolando penetração, se não estão rolando as outras coisas, sentem-se, relaxem, abracem-se e se beijem. Então, se rolar sexo, rolou; se não rolar o sexo, vocês não devem perder a oportunidade de dormirem de conchinha, a oportunidade de ficarem pertinho um do outro. Curtam esse momento, porque o sexo não é e nunca será apenas penetração. Ele é conexão, é troca, é amor, é investimento,

A maioria dos homens sai batendo a porta e dá uma resposta negativa quando ouve a mulher dizer que não quer sexo numa noite e ela se vira para dormir (mais conhecido como "se *vira* de bunda"), ou quando ela faz qualquer coisa que dá a entender que ela não irá querer transar. Essa reação não acrescenta nada a vocês.

Eu li um livro muito interessante em que o autor traz essa questão à discussão. O livro *Mulheres querem sexo, Homem sempre tem dor de cabeça*, de Christian Thiel,[24] diz que o tiro sai pela culatra quando se faz o contrário, quando a reação é negativa. Isso serve para as mulheres que reclamam que o marido "não está dando no couro", que também não quer sexo quando elas querem, que foi atrás dele e a pessoa negou. Mude a atitude. Elogie, abrace, acaricie, tenha o comportamento oposto do que a pessoa imaginaria que você teria.

Quando fazemos o oposto, mostramos que, independentemente de rolar sexo ou não, o outro é importante para nós, o amamos, estamos presentes e está tudo bem se hoje não rolar; em outro dia vai rolar e ficará tudo bem.

---

[24] THIEL, Christian. **Mulheres querem sexo, homens sempre têm dor de cabeça.** São Paulo: Cultrix, 2017. p. 56.

O autor também trouxe outro ponto para discussão, de que muitas vezes as pessoas acabam fazendo mais críticas, e o "não" após a negativa de sexo, que era um simples "não", acaba revelando tanta coisa que estava guardada e na hora a pessoa começa a "vomitar tudo". Por isso a importância dos diálogos e de resolver rapidamente quando surgir um problema. Evitem guardar para depois o que aconteceu agora.

DEZ DICAS INFALÍVEIS QUE INCLUEM PRELIMINARES

As preliminares são a melhor forma de conexão de que o casal dispõe. Pessoalmente eu considero as preliminares a única forma de começar o sexo. O ato sexual não deveria começar diretamente na penetração, como alguns casais têm feito. Tem que haver as preliminares, e uma boa preliminar, como eu digo, começa bem cedo, quando damos "Bom dia". Não se esqueçam disso!

Por julgar ser tão importante, eu quero deixar dez dicas infalíveis para um sexo maravilhoso incluindo as preliminares.

Primeira dica: não pare de beijar. Beijos, beijões e, durante o dia, quando se encontrarem, beijem. Pare com esse negócio de se beijarem apenas na hora do sexo. Passou no corredor, a mulher está na cozinha ou fazendo alguma outra coisa em qualquer lugar da casa, tasque um beijão!

Por quê? Porque, quando a gente dá beijos nos momentos comuns do dia, isso aumenta a velocidade com que o casal fica excitado, ou seja, eles chegarão ao momento de terem a relação mais quentes, porque durante o dia eles se esquentaram. Como o título do livro diz, nós, mulheres, somos como fogões a lenha. Tem que ir devagar com a gente, ir acendendo até que o fogo pega.

Só quem acendeu ou viu acenderem algum fogão a lenha sabe o que estou querendo dizer, sabe que não é num estalar de dedos que a mulher ficará excitada e com desejo. Para os muitos casais cujo sexo está bem frio, a maioria deles, eu diria, fica a primeira dica: Beijem! Beijem muito!

A segunda dica é para manterem-se (ou mantenha-se, você homem) **vestidos**. Por quê? Ao tirar a roupa geramos no outro um ar de surpresa, de "coisa escondida" que também traz certa excitação. Claro que aparecer pelada de vez em quando, ou aparecer só com um *hobby* e abrir diante dele, faz parte do jogo. Mas alternar, variar, surpreender é parte da quebra de rotina. O que a gente não pode permitir acontecer no sexo é a rotina. Rotina é muito bom para algumas coisas, mas para o sexo, para o relacionamento amoroso e sexual, ela não é legal.

Terceira dica: mudem de lugar. Fazem sexo na cama? De vez em quando, façam na sala, na área de serviço, na cozinha, ou seja, mudem de lugar sempre que puderem. Isso mexe com os hormônios, com os pensamentos, com as fantasias, com tudo que vocês têm direito mexer e vale muito a pena.

Quarta dica: saiam da casinha. Deixem a imaginação de vocês voar. Se for preciso comprar uma fantasia, comprem. Mas sobre isso eu deixo um alerta, como profissional, e por ter ouvido diversas histórias de amigas e de pacientes no consultório. Quando você fizer uso de uma fantasia, se não tiver o hábito de recorrer a esse recurso, faça sugestões para a outra pessoa. Por exemplo, diga algo como: "Oh, hoje à noite você vai ter uma coisa muito diferente". Dê um aviso sutil para que nenhum seja pego de surpresa, e isso acabe com uma proposta de noite maravilhosa que poderá se tornar um desastre. Ninguém quer que aconteça isso.

Saiba procurar fantasias adequadas se você for usar algo que faça parte da sua vida. Por exemplo, se você é uma pessoa séria e pegar uma fantasia que não tem absolutamente nada a ver com você, isso poderá causar um impacto negativo na apresentação. Usem a criatividade. Como enfermeira, eu não gosto da fantasia de enfermeira, mas evidentemente tem quem goste e isso vai de cada um.

Quinta dica: conversem. Vale a pena vocês se sentarem e conversarem, falarem um para o outro sobre aquilo de que gostam, pois ninguém é adivinho. A gente não consegue adivinhar as coisas, até que se consiga saber o que o outro está pensando.

Sexta dica: olhos nos olhos. Não seja como os casais que já não se olham mais. A conexão estabelecida pelo olhar é muito importante. Aquilo que os olhos nos trazem e nos dizem é fundamental e penetrante, por isso olhar no olho, até para poder saber o que o outro está pensando. Pelo olhar a gente sente a vibração um do outro, o amor e tudo mais quando o casal tem intimidade.

Sétima dica: toquem-se. Não é só tocar com o pênis dentro da vagina. Toquem-se, abracem-se. Não adianta a pessoa querer fazer sexo só com a penetração, pois tem que haver preliminares, e preliminar é isso, é o toque, é o abraço, é o beijo, para depois haver a penetração.

Oitava dica: faça massagem. A dica da massagem é fantástica para uma preliminar. Massagens costumam ser deliciosas. Coloque uma música, pegue um óleo próprio para massagens, vá massageando com toques gostosos, perceba onde a pessoa gosta mais de ser tocada e se permitam. Para quem está recebendo a massagem, permita-se receber tudo o que aquele momento de desfrute tem a oferecer. Para quem está fazendo, entregue-se à outra pessoa para que aquele momento seja o mais gostoso possível para ela e, em resposta, será para você também.

Nona dica: explorem outras partes do corpo. Existe uma área no nosso corpo que é muito receptiva, uma área sensível. Tem muita gente que não sabe onde fica, mas é entre o queixo e a garganta. Entre beijos, mordidinhas e tudo mais, essa região desperta desejo também.

E a última dica, que certamente as mulheres irão amar. Não existe preliminar melhor do que com a sua **colaboração no lar**. Ajude a sua mulher em casa, ajude com os filhos, ajude nas tarefas domésticas e certamente vocês terão a ganhar muito!

SEXO COM DIA MARCADO, SERÁ QUE É INTERESSANTE?

Sabemos que o ideal (ou é o que muitos pensam ser) é aquele "bateu o olho" e já vai tirando a roupa, e vai acontecendo aquela coisa gostosa. Mas a nossa vida, os afazeres diários, o trabalho, os filhos e outras atividades que dependem de nós nos impedem de ter esse romance explosivo, essa coisa prazerosa.

Por isso, sexo com dia marcado tem até nome em inglês: *sex day*, que seria o dia do sexo. Essa proposta é de um dia para que vocês, casais, tirem para curtirem a sós. Não é preciso, necessariamente, ser um dia *só para sexo*, mas pode ser um dia para vocês assistirem a um filme juntos, para ficarem abraçadinhos, para terem um tempo a sós. E, se *rolar* o sexo, melhor ainda!

Tudo aquilo em que a gente coloca foco, tudo aquilo em que a gente coloca o nosso olhar e atenção, com certeza, faz que as coisas aconteçam. Vou seguir repetindo isso para os casais que estão deixando esse assunto sempre em último lugar, que não estão priorizando o tema, podem começar tirando um dia para se dedicarem um ao outro.

Para as mulheres que estão com a libido muito baixa, essa é uma dica que eu dou com alguma frequência: experimentem levantar cedo já pensando em sexo (já exploramos isso anteriormente). O dia que você escolheu para pensar nisso será o dia que você contará para o marido que "é aquele dia". Mas poderá optar por fazer uma surpresa, por procurá-lo sem que ele perceba as suas segundas intenções.

Sexo com dia marcado não é uma coisa ruim, não é algo que vem para mecanizar o ato; pelo contrário. É a hora de vocês olharem para esse assunto e encará-lo de uma forma diferente e gostosa como não viam há muito tempo.

PRAZER

Seu cônjuge se preocupa com o seu prazer ou não liga para isso?

Tenho visto momentos difíceis nos relacionamentos, em que as coisas estão cada vez mais complicadas nas relações a dois. O que eu percebo é que os casais de hoje são duas pessoas vivendo um relacionamento como se estivessem sozinhas. Afinal, não é possível esperar que dê certo uma relação a dois, quando cada parte se ocupa dos seus próprios interesses.

Se esse é o seu caso, se você está vivendo numa relação em que só um tem prazer, em que só um chega ao orgasmo e o outro não está nem aí para isso, é preciso colocar as cartas na mesa e falar a respeito. Se é para ter prazer sozinho, solitário, a outra pessoa não é necessária; vá viver sozinho. Quando vivemos um relacionamento, o prazer é dado aos dois e deve ser feito e buscado pelos dois.

Ninguém "dá" nada para ninguém. Eu nem sequer gosto dessa expressão popular "dar para ele"; ela é mentirosa, enganadora. Eu não "dou" o meu corpo. Eu dou uma capa de celular para alguém ou uma caneta. Mas o meu corpo não é um objeto que possa ser dado, o meu corpo é a coisa mais preciosa que eu tenho.

No sexo, ninguém dá nada para ninguém, já que o sexo é uma troca, troca de conexão, troca de amor, troca que um dá e o outro recebe e devolve algo, mas não com essa conotação pejorativa. Notem que estou falando no sentido de troca, em que os dois se unem e formam algo lindo e significativo. É assim que eu entendo o conceito do sexo e é isso que eu gostaria que você pensasse e formasse novos conceitos, que fujam do padrão tão explorado, e pensasse o assunto com uma mente aberta, porém responsável, colaborativa, construtiva.

ALGUMAS DICAS PARA VOCÊ ENCARAR O SEXO DE FORMA MAIS TRANQUILA:

1. Experimente novas sensações

2. Dê um basta no piloto automático

3. Fale sobre o sexo depois do sexo

4. Use e abuse de lubrificantes

5. Explore seu corpo

6. Cuide da autoestima

7. Quando o desejo aparecer, não feche a porta para ele